U0529568

云南百位历史名人传记丛书

中共云南省委宣传部◎编

文经武纬

沐英

付 春◎著

云南出版集团

云南人民出版社

图书在版编目（CIP）数据

文经武纬——沐英/付春著. -- 昆明：云南人民出版社，2022.9
（云南百位历史名人传记丛书）
ISBN 978-7-222-20477-5

Ⅰ.①文… Ⅱ.①付… Ⅲ.①沐英（1345-1392）-传记 Ⅳ.①K825.2

中国版本图书馆CIP数据核字（2021）第208977号

出 品 人：赵石定
责任编辑：朱　颖
装帧设计：马　滨
责任校对：董郎文清　崔同占　李　红
责任印制：窦雪松

书名	文经武纬——沐英
作者	付春 著
出版	云南出版集团　云南人民出版社
发行	云南人民出版社
社址	昆明市环城西路609号
邮编	650034
网址	www.ynpph.com.cn
E-mail	ynrms@sina.com
开本	889mm×1194mm　1/32
印张	5.25
字数	100千
版次	2022年9月第1版第1次印刷
印刷	云南新华印刷二厂有限责任公司
书号	ISBN 978-7-222-20477-5
定价	26.00元

如有图书质量与相关问题请与我社联系
审校部电话0871-64164626　印制科电话0871-64191534　　云南人民出版社微信公众号

总　序

历史长河浩浩荡荡！中华文明自滥觞至汇聚千流，涵纳万水，奔腾迭起，云蒸霞蔚，延五千年之长史，至今生机勃然，是迄今世界上唯一保持完整且衍传有序、光耀于人类的伟大文明。

习近平总书记指出：一个国家、一个民族的强盛，总是以文化兴盛为支撑的。中华民族是具有非凡创造力的民族，我们创造了伟大的中华文明，实现中华民族伟大复兴的中国梦，必须弘扬中国精神。以爱国主义为核心的民族精神，以改革创新为核心的时代精神，是兴国之魂，强国之魂。

云南，是祖国西南神奇、美丽、富饶的宝地，是中华文明中极具特质和创造潜力的丰美之乡。云南少数民族文化是中华民族文化的重要瑰宝。长期以来，云南大地上，各民族和睦与共，相濡相生，共同创造了色彩瑰丽、形态多元、底蕴厚重、影响深远的历史文化，为我们留下了珍贵的精神遗产。人，是历史的镜子，是历史最生动的环节，人民是历史的主人和创造主体。在人类历史的进程中，一个个不同时期的代表人物产生过一些不同的影响。"云南百位历史名人传记丛书"就是这样一丛历史的记录，一百位历史名人，虽未必尽能概全，各位历史人物的代表性也不尽相同，但都是"追梦人"，是振兴民族伟大理想的传薪人、探索者和实践家。

在这些代表人物中，无论是拓土开疆的将帅勇者，还是蹈海酬志的大国使节；无论是志于传播文明的鸿儒巨擘、先哲贤士，还是为民族独立解放而高歌猛进、慷慨捐躯的群雄英杰，都贯注了这一重要精神。正是以他们为代表的云南各族人民创造并抒写了可歌可泣的英雄史章，熔铸了坚韧不拔、奋为人先、包容博大、敢于担当的精神品质，才使云南在中华文明的长史中闪耀着特有的光辉。尤在近代中国，在辛亥护国风云中，在反对外辱保卫祖国边疆维护民族尊严、抗击日本法西斯侵略中，云南站在历史前台，以中华群雄的不屈身影演出了一幕幕豪迈悲壮的历史大戏，也更涌现了一批足以彪炳史册、光照后人的杰出人物。这一切，给予中国历史进程深远的影响。

今天，实现中华民族伟大复兴之梦，谱写富民强滇中国梦的云南篇章，需要以中华文化发展繁荣为重要条件，这就需要接续这一光荣而伟大的精神传统，在继承中创新，在创新中发展，在发展中超越。云南正处于一个新的历史起点上，需要大力挖掘历史文化资源，聚合更强大的精神动力，为推动我省科学发展、和谐发展、跨越发展凝心聚力。为此，我们组织省内外专家学者编写出版了"云南百位历史名人传记丛书"。这对加强我省各族人民，尤其是青年一代对历史的了解、认同，爱国爱乡爱民并甘于奉献，对提升优秀精神品质，形成团结奋斗的共同的思想基础，坚定推进富民强滇的信心和决心，显然有着重要的现实意义和切实的助力。

一百位历史人物，所处历史时期并不相同，其历史作用也有差异，甚至就个人的全面历史评断方面也难以等量趋同。但我们以为这些留存史迹的人物，所以传扬至今，为后世崇奉，均有他们共同的历史向度和价值取向，我们学习这些历史人物，至少应当着重于以下几个大的方面，即："守大德、重大义、集大成、有大度、达大观"。

守大德，即恪守道德规范。"德者，本也。"（《礼记·大学》）"大德"既是国家民族的根本利益所在，也是中国文化中最核心的价值理念及标准。古语"行德则兴，背德则崩"，不仅是资政经验，也是个人修习完善的根基。所谓"厚德载物"，直观的理解，就是如果德行浅薄，是不能兴物成事，更不能造就伟大功业的。云南历史文化名人，大多以德立身，大节不移，并对此恪守坚定，一以贯之；始终保持正确信念和理想，并为之奋斗到底。这是我们首先要学习尊崇的。

重大义，即以国家民族利益的需要为个人行为取舍的标准。有大义，才有大爱。这些先贤无不爱云南爱乡土，以兴业乡梓、造福一方为己任。尤在国家民族命运攸关、生死存亡的关头，这些令人崇敬的先辈，大义擎天，逢难不避，敢于担当，责无旁贷，勇往直前，不惧牺牲。一个心存天下大公的人总会在不经意的一瞬决定大义的选择，这是社会进步的希望所在，更何况实现中华复兴的伟大梦想，还有很多异常艰危的事业在等待我们去克难攻坚。所以，举凡大义、为民为国、全身而进的精神是我们应当效法崇尚的。

集大成，"知类通达，强立而不反，谓之大成"。这些历史人物留下的足迹，予人深刻启迪。他们无论是出将入相，还是布衣一袭，均勤学不辍，求索不止，在追求真理和知识的道路上刻苦务实，义无反顾，永无终期，故能成大器，胜大任，不辱使命。今天，世界进入知识信息时代，软硬实力决定一个国家能否赢得发展机遇，乃至自立于强国之列的地位。其紧迫性不亚于先辈梦想中国富强的百年期许。但今天所谓"集大成"，是更高更大更具有生存挑战性和发展战略性的，是集世界之"大成"，集政治经济、科技文化、制度建设、社会发展等一切领域"总成"，玉成中国梦的空前伟大的事业。所以，先人刻苦自律、博学精进的学习精神我们应当秉持继承。

有大度，即要有开放包容的胸怀。云南历史文化名人的一个共通品质，也是一个显著特点就是，即使身处僻远，总能破除狭隘与陋见，以宏大度量，兼容并包，接纳先进，吸收优异，团结一切可以团结的力量，聚合一切可以聚合的资源，总成一股创造历史的宏大动力，来完成伟大的事业。哪怕是割股舍己，也在所不惜。今天，云南要实现跨越式发展，保持开放包容的胸怀尤其重要。所以，先辈"天下云南"的大度我们应当弘扬光大。

达大观，即要眼观天下，达察全局，与时俱进，审时知变，敢为人先。推动云南社会历史进步的代表人物，无不目光远大，胸怀全局，对世界潮流、时代嬗变，都能审视洞悉，并欣然顺应规律，故能在历史转折的关键时刻做出正确选择，成就改天换地的一番伟业。古语有"小智自私""达人大观"，是将为个人谋私的小智谋与担当天下兴亡的大智慧尖锐对比而言的。否则，"其兴也勃焉，其亡也忽焉"。一个为民为国而应用心智的人，必然有达观天下的心怀，也由此激发潜能、超迈寻常，而使人生境界也更加美好而宏丽。遍观世界文明史，许多影响人类进步的伟大创新，正是以此为动力和起点的。今天，中国经济社会的快速发展，国家的日益强大，正为实现中华民族伟大复兴的中国梦开拓了无限广阔的道路，也为个人实现自身价值创造着更加富实的前景。所以，先辈们达观天下的精神我们应当引为楷模。

我们对志向高远、仰观天下、俯察民情、甘为路石、慨当以慷、求真务实的历史名人，心存景仰，并愿与千千万万的读者，尤其是青年朋友一道学习弘扬。

组织编撰"云南百位历史名人传记丛书"是一项重要的文化工程，编撰出版人员都做出了艰苦的努力，但由于众手修书，书稿层次不一，成书体例难以做到完全一致，对存在的不足敬请读者批评指正，我们将虚心接受，并在修订再版时一并吸纳修改完善。

目录 // MULU

◆ 导　言

◆ 幼失怙恃　皇室贵胄

006 / 早年经历
010 / 偶遇明主

◆ 东征西讨　功勋屡著

017 / 初入仕途
018 / 平闽之功
020 / 爵封西平侯

◆ 三迤重地　再所必讨

029 / 云南的地缘政治
032 / 元末明初云南的局势
035 / "藏彝走廊"对明朝统一云南之影响
038 / 七次招抚

目录 // MULU

◆ 裹甲南征　平定云南

044 / 三将军平滇

045 / 白石江之役

049 / 进取中庆

◆ 规取大理　树帜点苍

052 / 大理战书

056 / 大理之战

◆ 十年征衣　边境宁谧

062 / 平定云南境内的叛乱

065 / 镇滇之因

072 / 镇滇后的战事

081 / 麓川之役

083 / 景东之役

086 / 摩沙勒寨和定边之役

目录 // MULU

◆ 文经武纬　君无南顾

094／　健全各项统治措施

095／　设卫屯戍移民

098／　大兵屯戍

103／　大规模移民

◆ 政治、经济、文化教育事业方面的贡献

108／　土司制度

111／　水利建设

112／　发展道路交通事业　振兴商业和手工业

114／　扩建云南府城　兴建各地城池

116／　兴办儒学　提倡文教

122／　沐英焚书的讨论

目录 // MULU

◆ **黔宁威仪　世祚南中**

130 / 世守云南
138 / 沐英之死
140 / 极尽哀荣
143 / 后人缅怀

◆ **参考文献**

导　言

南京江宁将军山南麓，有一处规模和历史价值仅次于明十三陵的明代墓葬群，1984年这里就被批准为江宁县重点文物保护单位，2002年又升级为江苏省重点文物保护单位。这里安息着一位与云南历史有着极大关系的人物，他就是生前被明太祖朱元璋封为开国辅运推诚宣力武臣、荣禄大夫、柱国、西平侯，食禄二千五百石，卒后被

南京江宁的沐英墓

追封为黔宁王、谥昭靖、侑享太庙的沐英。

明代，云南专门建立了黔宁昭靖王祠堂，并在城内昭灵观立黔宁王碑以纪念沐英。清代，朝廷为了祭祀沐英，还专门在昆明兴建了黔宁王庙。而昆明太华寺也供奉着包括沐英像在内的沐氏十二世像。虽然太华寺并非沐氏的家庙，但在乾隆四十三年（公元1778年），清政府却正式发给太华寺执照，责令太华寺务须供奉沐氏遗像，并春秋两季定期祭祀，不得亵慢违约，否则，沐氏后裔可以借此兴诉，寺僧还要接受刑法的拘提追查。清末民初，李根源先生任云南陆军讲武堂总办之时，也时常给学生们讲述沐英驱逐元朝在云南统治势力的事迹，并在讲武堂西南角建"思沐小墅"，以此来激发学生反清革命思想，并以

沐英墓出土文物："萧何月下追韩信"梅瓶

《承华浦思沐小墅落成》为题，赋诗一首："小筑承华近水滨，西平遗泽百年新。九龙一夜惊雷雨，桃李花开天下春。"用以暗示人们要思念沐英为代表的民族先贤，"思沐，志在匡复"，含义也是相当清楚的。并以此诗预示革命风暴的即将到来，也为当时的云南陆军讲武堂播下了革命火种。重九光复后，民国元年（公元1912年），沐氏后人沐仲春向云南都督蔡锷上书请求"重修宗祠，以慰先灵"，也得到了李根源先生的鼎力支持，将风伯庙、先农坛两处归还沐姓照管。沐英到底是一个什么样的人物，值得明、清及民国政府都为其立庙建碑、春秋祭祀？作为云南人，我们有必要对其进行深入的了解。

明代，是云南历史上一个重要的发展时期，而沐英则是这个时期治理经营云南杰出人物的典型代表。沐英于洪武十四年（公元1381年）参与明军平滇战争后留镇云南，此后十年间，文经武纬，继续招抚或平定各地的分裂、割据势力，使边疆与内地重归统一，维护了祖国版图的完整；同时组织军民恢复和发展经济，加强文化教育建设，如大规模移民屯田、兴修水利、建设学校以及传播内地儒家传统文化、培养任用少数民族官员、推进城镇建设、减轻人民负担等等，为云南经济的开发、社会文明的进步做出了重要贡献，其中很多经验，至今对治理边疆民族地区的云南仍有积极的现实意义及启示。

所以，我们认为沐英是明朝开国期间一个较有远见的重要将领，对云南的历史发展具有重要的影响。今天，研究沐英开滇、治滇的历史及经验，对总结历史上开发治理和经营云南边疆的成功经验，古为今用，贯彻中共云南省委、省政府关于"把云南建设成为民族团结进步、边疆繁荣稳定的示范区"的指示精神具有极大的现实意义与启示。

幼失怙恃　皇室贵胄

元末明初是一个社会的大变动时期，天灾频仍，人祸肆虐，民不聊生，沐英正是出生在这样一个动荡的年代。

早年经历

在安徽定远县西部丘陵地区,有一座南北走向的村庄,这就是明太祖朱元璋的义子、明黔宁王沐英的出生地——沐家村。沐英(1345～1392),字文英,濠州凤阳府定远县积善乡人(今安徽定远县城西乡官塘沐村)。其父沐超,母亲顾氏。据当地民政部门介绍:沐家村南北走向2公里,分前沐、后沐两村,村里居住的全是沐姓人家,共300余口,村民大部分靠种地为生。

据史料记载:元末明初,沐英出生在沐家村,沐英死后,随着大明江山的衰败,沐英的许多后人从云南返回了沐家村,在此繁衍后代、生儿育女,最终形成如今规模的沐家村。有意思的是,该村没有一户外姓人家居住。据当地老人说,清朝时,沐家村曾居住四户外姓人家,四户人家搬到沐家村不久便家破人亡,一一衰败下去。到清末,沐家村成了真正的清一色沐姓人家。新中国成立后,政府曾安排马姓人家与高姓人家迁至沐家村,但奇怪的是:高姓人家的夫妻很快患上绝症死去,两个儿子

沐英像

也外出漂泊；搬入的马姓人家生的全是女儿，马家老人去世后，马家四个女儿也全部嫁给了沐家男儿。如今沐家村是真正的沐姓人家村。

沐英出生之时，正值元朝末年。此时，从京师到江南一带流行一曲名为《醉太平·堂堂大元》的小曲，被人们广为传唱，曲为："堂堂大元，奸佞专权。开河变钞祸根源，惹红巾万千。官法滥，刑法重，黎民怨。人吃人，钞买钞，何曾见。贼做官，官做贼，混贤愚，哀哉可怜！"这是一首切中时弊的散曲，对于元末社会弊端的总结可谓一针见血。所以，陶宗仪在《辍耕录》卷二 23《醉太平小令》中就说："《醉太平》一阕，不知谁所造。自京师以至江南，人人能道之，古人多取里巷之歌谣者，以其有关于世教也，今此数语，切中时弊。"从曲中可以看到，元末，由于以蒙古贵族为首的元朝统治者在全国推行残暴的民族压迫和民族歧视政策，把国内各民族划为蒙古、色目、汉人、南人四个等级，并规定他们不同的政治待遇和经济负担，同时，推行社、甲制度，禁止汉人和南人养马及私藏兵器，还禁止汉人集会、结社等等，阶级矛盾、民族矛盾空前激化。此时，朝廷吏治、钞法败坏，卖官鬻爵及贪污成风，元朝的统治已积重难返。加之天灾频仍，瘟疫蔓延，已至民不聊生。据不完全统计，从顺帝继位的公元 1333 年至沐英出生的公元 1345 年，在全国范围内大面积的水患——如黄河、淮河缺口及暴雨引发的水灾——就发生了 19 次，另有旱灾 1 次、蝗灾 3 次、瘟疫大流行 3 次，因灾而致"易子相食"的惨剧时有发生。加之土地兼并严重,"穷者越穷,富者越富";人民流离失所,流民动辄数十万乃至数百万,出现了田园荒芜、哀鸿遍野、死者满路、尸骸枕藉的局面。农民生活在水深火热之中、挣扎在生死的边缘,元朝统治陷入了严重的危机之中。宋濂在《元史》卷186中就说"今燕赵齐鲁之境,大河内外,长淮南北,悉为丘墟,关陕之区,所存无几",全国几乎没有一片净土,都被卷入这场混乱之中。混乱把农民推向了战争的最前沿,他们为了生存,只有铤而走险,发动大规模的起义暴动。至此,天下大乱,群雄并起,一时,"贫者从乱如归";江淮大地的劳苦大众,"齿木为杷,削竹为枪",纷起响应,很快形成了"民人尽乱,巾衣皆绛,赤帜遍野"的轰轰烈烈的红巾军农民大起义。

其实,早在元至正元年(公元1341年),便有地方上报在山东、京城南部,盗贼遍野,多至三百余处。延至至正八年(公元1348年)到十二三年(公元1352～1353年),各种零散或无组织的反抗势力逐渐汇合成三大系统的反元队伍:一是以韩林儿为首的北系红巾军,主要以濠州郭子兴为主,其地盘包括山东、安徽、河南三省,并一度波及河北、山西、陕西、宁夏、辽阳等大片土地;二是以彭莹玉、徐寿辉、陈友谅、明玉珍等为首的西系红巾军,拥有湖北、湖南、江西、四川等省;三是以张士诚、方国珍为首的非红巾军系统军队,占据江淮、苏南、浙江等地。这些反元队伍少则数万、十余万,多则数十万。

沐英的家乡，位于安徽的中心，其西连淮南，北接凤阳，南通合肥，东邻滁州，为交通要塞。此时，郭子兴、彭莹玉、张士诚等起义都波及沐英的家乡。由于战乱连年，打着各种旗号的军队及散兵游勇南来北往，无休止地征兵索饷，使此地百姓深受其害，生活在水深火热之中。依附于土地的农民在和平年代往往也是终年辛苦勉强供半年口粮，余下半年也只有吃糠咽菜或者逃荒要饭。即使到了明清时期，沐英的家乡安徽凤阳府仍以凤阳花鼓最为有名，原因也是由于灾荒不断，许多人家离开家园，以打花鼓唱曲为生，凤阳花鼓又成了贫穷讨饭的象征。其中有一首著名的《凤阳歌》，歌中唱道："说凤阳，道凤阳，凤阳本是好地方，自从出了朱皇帝，十年倒有九年荒。大户人家卖牛马，小户人家卖儿郎，奴家没有儿郎卖，身背花鼓走四方。"早期花鼓"音节凄婉，令人神醉"，内容多是表达家室流离的艰辛，在明清两朝朱元璋的家乡凤阳府尚且如此，更何况元末明初战乱中的沐英家乡凤阳的定远县。所以，在兵荒马乱的年代里，只要能够保全性命便是莫大的幸福。沐英一家，此时也处于饥寒交迫、流离失所、担惊受怕的境地。沐英8岁时，其父不幸病逝，留下沐英母子孤儿寡母苦苦挣扎在乱世之中。但不久，因元军追击从徐州败退回定远与郭子兴会合的红巾军彭大、赵均用残部，沐英母子居住的居室也毁于兵燹，其母于是携沐英逃难，但不久也病故。

偶遇明主

此时，对沐英一生产生重要影响的人物明太祖朱元璋开始登上了历史的舞台。元至正十二年（公元1352年）闰三月，25岁的朱元璋在穷困潦倒中于濠州投奔了郭子兴领导的红巾军，充当了一名普通的步卒，后来他屡立战功，成为郭子兴的亲兵。不久，又因表现出众而深得郭子兴的赏识，被提拔重用，很快升任镇抚、总管，还娶得郭子兴的养女马氏为妻，成为郭子兴的心腹。同年，父母双亡、居无定所的沐英流落至濠州投到朱元璋帐前。因朱元璋与沐英有过相同的经历，故分外同情沐英的遭遇，乃与其妻马氏收沐英为养子，并赐姓朱，名文英。元至正十四年（公元1354年）六月，朱元璋因濠州城内起义军内部矛盾重重，决计离开濠州，前往定远等地谋求发展，并很快就拉起了一支几万人的队伍，势力日渐发展壮大，在民众中的影响也日益扩大，各地义军如过江之鲫，纷纷投奔朱元璋的帐下，使其实力不断增强。元至正十五年（公元1355年）三月，郭子兴病死后，朱元璋逐渐成了这支起义军的实际统帅。当时，名儒陶安来见朱元璋，朱元璋便向他请教过江后的方略。陶安称赞朱元璋胸怀济世安民之志，不像其他拥兵割据的人胸无大志，只知抢掠妇女、财物，并预言朱元璋一定能平定天下。他建议大军渡过长江，占领太平（今安徽当涂）后，应该迅速夺取龙盘虎踞的集庆（今江苏南京），作为平定天下的根据地。朱元璋非常赞同陶安的意见，乃迅速渡过长江，攻取了和州对岸的太平，接着，他挥军集庆。元至正十六年（公元1356年）三月，朱元璋所部攻破集庆城，随即改集庆路为应天府，设官分职，并以此为中心，积聚力量，四面出击，以巩固和拓展自己的势力。并听取学士朱升"高筑墙、广积粮、缓称王"的建议，相机发展。

沐英投奔朱元璋时，年仅8岁，加之其时朱元璋实力并不十分雄厚，各地群雄纷起，到处战火纷飞，朱元璋所部的前途尚且吉凶未卜，所以沐英的到来在当时并未引起人们的特别关注。但由于沐英经历坎坷、厚重如成人，且天资忠厚、孝顺、厚重、简默，虽在龆龄但不喜儿

朱元璋像

戏，较为早熟，等到成年后更是"温爽有姿，机颖过人"，因而深得朱元璋及马皇后的喜欢和器重，被视为皇亲，与朱元璋哥哥的儿子朱文正、姐姐的儿子李文忠按岁数排序，以区别长幼，并与朱元璋的长子懿文太子（朱标）共同饮食起居。正如朱元璋封沐英为西平侯时，在给沐英的诰命中所言："当年在时局纷扰之时，我已经25岁了，但尚

未有儿女。沐英你当年只有8岁，因受兵灾，父母双亡，孤苦伶仃，不知道是否能存活在当时的乱世之中。我与马皇后可怜你年幼孤苦，因此决定收你为义子，如亲生子女一样抚育你。夜间和我同睡一榻，你数次鼾睡在我的怀中。后来因为我也有了自己的子女，你也长大成人，从人情世故来看，为了让你能够祭祀你沐姓祖先，我不能再让你从我的朱姓了，因此决定恢复你的本姓。今天封你为西平侯，乃是对你的加倍提携，也是情理之中的事情，但是，直到今天，我还是不能忘记你儿时在我左右嬉戏的种种容颜与言语，我一直没有把你看成我的义子，而是把你当作亲生儿子来抚养。"这可以说是朱元璋对沐英的真情流露，发自肺腑，感人至深，护犊之情溢于言表，从中也可见朱元璋对沐英栽培之深、宠育之厚。

  而少年沐英在朱元璋面前的种种表现，使当时急需可用之才的朱元璋对其一直非常器重，在"奇之"的同时，也深寄厚望。傅维麟在《明书》卷92《黔宁王世家》中曾经记载朱元璋说过"我的这位义子长大成人之后，必定

马皇后像

成为我朱明皇朝的重臣"这样的话,因此,"欲试于事",从成人之后就对其委以重任。

可见,幼年的沐英,跟随义父义母生活在军营,严峻紧张的战局将沐英锻炼得厚重、简默,虽为幼儿,但不乐儿戏的早熟性格。其逐渐长大成人,"别号周舍",军中又称其为"沐舍"。

东征西讨　功勋屡著

元至正二十二年（公元1362年），沐英18岁，业已长大成人，且越来越得朱元璋和马皇后喜爱。就在这一年，朱元璋正与陈友谅在龙兴（今江西南昌）、吉安（今江西吉安）等地激战正酣。陈友谅先遣使约割据苏州的张士诚东西夹击朱元璋，并得到张士诚的首肯。张士诚虽暂时按兵未动，但他却另遣吕珍突然袭击刘福通、韩林儿，将刘福通击杀，并守境观变，妄图坐收渔人之利，此为张士诚的基本决策。因此，朱元璋在西战陈友谅之时，还必须时刻提防张士诚来自东面的突然袭击。又浙江方国珍反复无常，惯会乘人之隙；福建陈友定顽固不化，欲为元朝尽忠，皆不能不虑。此时，朱元璋军中发生了多起降将叛变事件，特别是跟随其多年的心腹大将胡大海、耿再成被降将所杀，加之其旧部骁将邵荣、赵继祖也因不满长期的艰苦斗争生活而密谋加害自己，因此，朱元璋时时提防有人暗中加害。此时朱元璋作战重点固然是西边的陈友谅，然而东线亦须有可靠的人鼎力支撑，整个作战计划才有望顺利实现。在此种境况之下，沐英在军事方面开始崭露头角，被逐渐委以重任。

初入仕途

因沐英之前跟随朱元璋东征西讨，昼夜入侍帷幄之中，目无忤视，对朱元璋可谓忠心耿耿，深得朱元璋的欢心。在此时，朱元璋对部分旧部产生了疑惧，因此，重用一批对自己忠心耿耿的部下成了当务之急。由于之前沐英年纪尚幼，也没有指挥战争的实践经验，因此还不能正式委以重任。但沐英英武沉毅，非常有培养前途，这为朱元璋所深知。所以，在沐英刚满18岁时就被朱元璋委以帐前都尉的重任，担负着警卫及保卫朱元璋人身安全的任务，由于沐英的机警与负责，对于存有内部危机、时刻有被刺杀危险的朱元璋来说，可谓非常及时。

与此同时，沐英还被委以出镇军事重镇镇江丹徒的任务，以此开始了他的军事生涯。镇江为长江下游的军事重镇，明都南京的东北大门。沐英此时出任此职，对于正在西线鄱阳湖与陈友谅血战的朱元璋来说，无疑起到了重大的作用——朱元璋可以在西线放手一搏，而无须顾虑东线的张士诚的突然袭击。而沐英也没有辜负朱元璋的一片苦心，在任期间也卓有声绩，深得当地民心。

元至正二十四年（公元1364年），沐英由于在帐前都尉一职上政绩突出，旋被升任为广武卫指挥使，在任期间"军府肃然"，政绩颇佳，不久又加衔昭武大将军，改任广信卫指挥使。在任期间，沐英军纪严明，勤于军政，加固城池，训练士卒，积极备战，且令行禁止，士卒有踩躏农民庄稼者必加重处，使得百姓得以休养生息。广武卫、广信卫为朱元璋亲自建立的亲军指挥使司十七卫中的两卫，每卫5000人，为亲军指挥使司卫中的重中之重，沐英初入仕途，就被朱元璋委以该两卫的指挥使的重任，足见朱元璋对沐英的器重。

平闽之功

时至洪武元年（公元1368年），朱元璋已经占据了元朝大半河山，已有能力同包括元朝在内的各方势力逐鹿中原。在决计北伐元大都之前，朱元璋制定了先取山东，撤其屏障，再规取河北、河南，破其藩篱，攻取潼关，扼其门户，以达到元大都"势孤援绝，不战自克"的目的。

但此时，元朝廷还据有福建，通过福建，从海上将东南产粮之地的粮食源源不断地运至大都，维系其经济命脉。为截断其海上运输粮饷的通道，同时牵制有可能从福建北上的援军，必须攻取由元将陈有定控制的福建省。朱元璋决定由征南将军胡延瑞、副将何文辉率大军征福建。为了一举平定福建，朱元璋又派大将汤和、廖永忠率水军由海路给予配合，直取福建会城福州。沐英也被令率其部众参与了此次平闽之役。

战事刚开始，沐英不负众望，身先士卒，率部首先攻破了位于福建、江西两省交界处的最高峰武夷山主峰黄冈山上的天险分水关，接着又攻克崇安县（今福建建阳），后又随汤和攻克延平（今福建南平等县），俘获元平章政事陈有定。其后，沐英一路过关斩将，先后破闽溪十八寨，擒陈有定骁将冯谷保，随后又下漳、泉等州，至此，福建全境平定。在平闽战役中，沐英开始崭露头角。由于在平闽战役中沐英屡立战功，加之此时朱元璋子女渐多，朱元璋准许沐英恢复其原本姓沐姓，以续沐氏香火，并借此树立其仁义之君的形象，也示其对沐英的恩宠，促使沐英为其奔走效命。

由于平闽战役从东线牵制了福建从海上援助元大都的军力，有力地支援了明朝另一支进军元大都的北伐军，为北伐军顺利攻取元大都奠定了坚实的基础。参战将士多受封赏，沐英也不例外，洪武元年（公元1368年）三月，朱元璋又委任沐英为建宁卫指挥使，节制邵武、延平、汀州三卫，进一步加强对福建的控制与经营。

朱元璋为表彰在明朝建立过程中的有功之臣，下令兴建功臣庙。洪武二年（公元1369年）六月，明朝功臣庙建成。朱元璋核定众臣在明朝建立过程中的贡献，按功绩大小排序，令将已死之臣在庙中立其雕像祭祀，仍在世者虚其位，等将来故后入祀其中，结果沐英位列第六。在明朝建立过程中朱元璋手下可谓人才济济，建功立业者颇多，但功臣庙中沐英排名第六，可见朱元璋眼中沐英之功不小。短短几年，沐英就能占据如此重要位置，究其原因主要在于以下几点：首先，沐英在这几年间，业已崭露头角，其文治武功已颇具影响，特别是平闽战役中的突出表现，使其声望日渐高涨；其次，沐英本身为朱元璋之义子，素得朱元璋器重，几年来沐英的良好表现也自然使朱元璋对其更加青睐。正如朱元璋后来所说的那样，"皇帝定鼎天下之后，在分邦设爵、任命官员等事上，安排自己的亲人及亲信担任重要职位，乃人之常情，我自己也不例外"。所以，明洪武三年（公元1370年）十一月，沐英再擢为镇国将军、金大都督府事，四年（公元1371年）十二月，复升为荣禄大夫、同知大都督府事。在任期间，沐英凭借其卓越的办事能力，左右逢源，决断自如，史书上称"沐英任事之初，正是明王朝建立之始，全国各地往来文书甚多，沐英能够剖决如流"，处理得井井有条。七年的大都督任职，使得军政修明、兵卫森肃，因此，很得朱元璋的赏识，特别是马皇后尤其中意，马皇后经常对朱元璋说"沐英此人，将来必能成为国家之重臣"。沐英由此也得到了朱元璋的多次赏赐，如洪武四年（公元1371年）八月，赐沐英苏州府吴江县田二顷八十亩，每年可得租一千石；洪武六年（公元1373年）五月又赐铜陵县田十二顷四十亩，每年收租五百四十八石，赏赐甚丰。

爵封西平侯

明洪武元年（公元1368年）年七月，元顺帝妥欢帖木儿在元末农民起义军施加的巨大军事压力下不得不率宗室放弃元大都，退出塞外，由此标志着蒙元在中原的统治势力土崩瓦解，但元朝的残余势力仍然存在，如河南王扩廓帖木儿等所率十余万蒙古军仍盘踞陕西陇右，奉元正朔。洪武二年（公元1369年）明军就已经攻入陕西，接受临洮元军的投降，并遣使诏谕西北诸番，由于扩廓帖木儿等残元势力犹盘踞陇右，故该地诸番酋长皆观望不前，明朝廷再次遣陕西行省员外郎许充德前往诏谕，通告中原易主的消息。洪武三年（公元1370年）四月，明军在陇右定西一带击败扩廓帖木儿，尽降其众，明将邓愈又率军进入河州，故元吐蕃宣慰使何锁南普、镇西武靖王卜纳剌等纷纷率吐蕃诸部前来归降。洪武六年（公元1373年），乌思藏摄帝师喃加巴藏卜等人到南京觐见。明太祖下诏置乌思藏、朵甘思指挥使司宣慰司二、元帅府一、招讨司四、万户府十三、千户所四。

洪武四年（公元1371年），为了消灭割据四川的夏政权，明将傅友德率军由西北南下，接连攻破阶州、文州、龙州等州县，随后入蜀，很快平定四川全境。洪武六年（公元1373年），置天全六番招讨司。洪武七年（公元1374年），置汉山、陇木头、静州、岳希蓬招讨司。洪武五年（公元1372年），罗罗斯宣慰安定入朝。由此，明初整个西北地区几乎已被纳入明朝的统治范围。

洪武九年（公元1376年），西北地区出现了反复，特别是西蕃川藏部不服明朝统治，出现了反叛的情形。为了平定此地的叛乱，当年十二月，沐英奉朱元璋之命巡行西北地区。他所到之处问民疾苦、宣布朝廷恩德，遇有急需处理但不能等候朝廷指示之事，乃先处置后再奏闻朱元璋，很多棘手之事都得到了及时处理。沐英此番离京巡行，尚有特别重要的使命，那就是驻镇训练陕西诸部兵马，随时听候朝廷调遣，以备西北不虞。沐英到关陕不久，由于处置得当，很快威望大著。

自洪武十四年（公元1381年）四月至九月奉命从征云南之前，沐英还曾奉朝廷之命二次西征、再度北伐。

元至正二十八年（明洪武元年，公元1368年）七月，明太祖派出的北伐军进至元大都城下，元顺帝一行仓皇北遁，元朝正式宣布灭亡，但是，因内地的山西、甘肃北部及宁夏、内蒙古、云南等广大地区仍为残元势力所控制，集结于北方的残元骑兵不时利用藏彝走廊的天然通道南下侵扰，企图卷土重来，与明朝逐鹿中原。其中，故元平章、国公脱火赤、枢密知院爱足、平章完者不花等以应昌、和林为根据地，不时侵扰西北边境，对明朝构成极大的威胁。为了彻底消除这一边患，朱元璋于洪武九年（公元1376年）、十一年（公元1378年），以汤和及沐英为帅，率精锐部队威慑残元势力，加强陕北边防。沐英等的到来，使得部队军饷充足、民生安乐。西北边陲的宁谧，极大地稳定了西北局势。

第一次西征。洪武十年（公元1377年）四月，明朝廷因吐蕃所部川藏头目邀杀乌斯藏使者，阻碍其与朝廷之间的友好往来，朱元璋命卫国公邓愈为征西将军、大都督府同知沐英为副将军,率兵征讨。二将军兵至吐蕃,时值阴雨连绵,军需不继,但沐英与士卒同甘共苦,病者及时给予医治,因此,士卒皆心悦诚服。交战时,明军分兵三路,直捣敌军巢穴,士卒奋力死战,大败川藏之众。明军一直追至昆仑山,斩俘甚众,俘虏士卒上万,获马、牛、羊十余万。沐英等在这些地方择地驻兵防守,一切布置妥当,于同年六月奉命班师回京。十一月,由于此战极其艰苦,主帅邓愈于归途中卒于寿春,沐英乃代其将众将士还京。

就在西征凯旋之际,朱元璋不待沐英抵达京城,就先期于十月赐封沐英为西平侯,进号开国辅运推诚宣力武臣,勋柱国,食禄二千五百石。在封赐诏书中,朱元璋回忆了与沐英一同生活的点点滴滴及其在明朝建立过程中的功绩,并告诫沐英说:"因念你是我的义子,此次虽建有微功,但特地封你为西平侯。你当知恩图报,报我大明的知遇之恩,方才是君子的行为;你当为大明王朝扶颠持危,方为仁者的行径。"同时,还赐给其丹书铁券,目的是使沐英"子孙世世承袭爵禄"。可见,沐氏能够世袭封侯,一方面除沐英自入仕以来积年有劳之外,朱元璋顾念昔日与沐英之间的父子亲情也是其中一个重要的因素。另一方面,朱元璋则希望沐英日后能够为朱明王朝竭忠尽力。洪武十一年(公元1378年)七月,朱元璋又令沐英率陕西属卫军士筑岷州城,并设置岷州卫以镇之,防止西北边疆分裂。

第二次西征。洪武十一年(公元1378年)十一月,因青海、甘肃一带的土司叛服无常，屡屡寇边，致使商道受阻，朱元璋令西平侯沐英为征西将军，率都督佥事蓝玉、王弼，统京师卫所及河南、陕西、山西等地马步官兵出师征讨。此为沐英第一次作为主帅率军出征，沐英也格外用心，不久沐英等就收复朵甘地方，降西番万户迄失迦，夷其部落，斩获颇多。洪武十二年（公元1379年）正月，沐英又移兵征讨洮州（洮州新城）十八酋长三枢密副使瘿素子、汪舒朵儿、乌都儿及阿卜商等。随后，沐英率兵至洮州故城，三副使及阿卜商等率众遁逃，明军奋力追击，擒斩参与叛乱的土官阿昌、失纳等，并于东陇山之南川筑城戍守。朱元璋得知沐英筑城戍守之事后，大为赞赏，认为洮州乃西番的门户，在此筑城戍守，是扼其咽喉的行动，这就大大加强了西北的防务，对防止西番再次反叛起到极大的震慑作用。随后，沐英率兵追击逃敌。九月，再次大败敌众，并擒三枢密副使瘿素子等。此次战役，共降其卒二万余人，获马、牛、羊等牲畜二十余万匹，平定这些地方后，沐英遂班师回朝。同年十月，沐英槛送三副使瘿素子等至京师处死。此次出师，沐英等率官兵定朵甘等地数千里，西番由此平定，明政权在这一地区的影响大大增强，沐英本人也因此威震西土。自此之后，诸番部落被沐英军威震慑，不敢再次为寇中土，也使得诸番部落势力日益分化，实力也逐渐衰落，西部边境得到了进一步的巩固。之后，沐英还镇关中。沐英的两次西征，均驰骋往来于气候恶劣、环境艰苦的西北地区，为防止西部边疆的分裂，尽职尽责，西北边疆从此稳定了一段时间，使朱元璋能专心治理久经战乱，正在休养生息的中原内地。

两次西征的成功，虽然打击了北元势力对西北的觊觎，但脱火赤等在北方仍然具有实力，数次寇边，为了消灭这一强大的敌对势力，维护北部边境的稳定，朱元璋又遣沐英等发动了两次北伐。

第一次北伐。洪武十三年（公元1380年）二月，脱火赤、枢密知院爱足率众万余屯于和林（今内蒙古哈尔和林），试图从内蒙古南下进犯甘肃。朱元璋命沐英率陕西兵征讨。三月，沐英兵至灵州（今宁夏宁县），派遣骑兵侦知脱火赤兵驻扎于次亦集乃路（今内蒙古额济纳旗东南），遂火速进军，渡黄河，经宁夏，逾贺兰山，越沙漠，七昼夜即至其境，进抵距敌营仅五十里之处。沐英兵分四路，一路攻其背，第二、三路左右出击，沐英亲率骁勇将士从中路进军，冲其中坚。当晚，在夜幕掩护下，明军四路并进，脱火赤、爱足等闻明军四路而至，骇不知所措，皆俯首就擒，沐英遂俘其众，勒石纪功而还。事后，沐英仍还镇关中。

第二次北伐。洪武十四年（公元1381年）正月，故元平章乃儿不花等再次寇边，朱元璋命魏国公徐达为征虏大将军，统兵讨之。四月，西平侯沐英领兵从大将军徐达自古北口出塞，一同北伐。此次，沐英也是独当一面，率兵略公主山长寨及克灰山、嵩山、全宁、高州四部，过驴驹河，获故元枢密知院李宣，俘其千余人，大胜而归。八月，沐英还至京师。

沐英参与的两次驱逐残元的北伐战事，在明朝建立初期有着极其重要的战略意义，因为战争的胜负，决定着初生明政权的存亡，正如谷应泰在《明史纪事本末》卷十《故元遗兵》中所言：元朝虽然已经灭亡，但北元政权仍然存在于漠北，控制着大片地区，引弓控弦的部队仍不下百万之众，归附北元的部落也不下数千，资装铠仗也可供数年之用，并不时入寇内地掳掠不止，驼、马、牛、羊等牲畜仍然众多。如果其"大举复仇"的话，则既可像田单当年一样一举打败燕国而恢复齐国，也可像申包胥一样在秦庭痛哭七日后乞得秦师而恢复楚国，所以不能因其遁归大漠就小觑其觊觎中原的锐气，其恢复元朝故都的决心是没有改变的。同时，谷应泰还说，邓愈、沐英等人此次北伐，西临弱水，即使西汉时贰师将军李广利攻入大宛，张骞通西域诸国，虽然他们长途跋涉远途奔袭，也没有此次战役的精彩。随后的应昌之捷，俘获买的里八剌，武平之战，惠储归附，进而犁平北元朝廷，使得蒙古诸部过阴山而恸哭，元朝旧部，几乎在此役一扫而净。把沐英等的功绩比作汉代之李广利出兵大宛、张骞出使西域等事件，从中也可看出沐英参与的两次北伐残元势力的战事对稳定明王朝的统治、维护国家统一做出的巨大贡献。

三迤重地　再所必讨

自汉武帝元封二年（公元前109年）在云南设置益州郡以来，云南因其特殊的地理位置和背景，一直以其独特方式对全国政局的变化产生着巨大影响。史籍所载，班班可考。三国时蜀汉南征，得益州之富，而成三国鼎峙之局。唐时南诏据滇，唐王朝为了对付青藏高原上的吐蕃势力，积极和云南的南诏势力联合，对吐蕃形成两面夹攻之势，断吐蕃之右臂。但由于南诏势力扩张和唐朝边疆大吏的无能，致使南诏背唐归顺吐蕃，由此发生了天宝战争，唐王朝战败，主将李宓自杀。此后，唐王朝为了征剿云南，大量征兵于西南一线防守南诏而致使国内守备空虚，发生了黄巢起义，最终导致了唐王朝的灭亡。所以，《新唐书》卷222总结说唐朝虽然是亡于黄巢起义，但其诱因乃是唐王朝需防止南诏的入侵而陈兵于广西一线，以致国内守备空虚，致使黄巢一呼而天下震动，一举灭亡唐朝。此言可谓一语中的。

1253年，蒙古大军在正面进攻南宋时遭遇了激烈的抵抗，为了摧毁南宋政权，蒙古政权采取了"斡腹之举"的策略，跨革囊渡过金沙江，绕道云南，摧毁大理政权，以云南为基地，南北夹击，一举消灭南宋，结束了云南持续500余年的自治局面。此战役最能体现云南在国家统一中的重要战略地位及对全国统一产生实质性的影响。1274年，元帝国建立云南行省，加强了中央王朝对云南边疆的统治，但是，元帝国依旧保持大理贵族段氏的"总管"地位与特权，段氏总管管辖的大理地区（相当于今云南大理白族自治州）仍然是相对独立的自治特区。以云南行省为标志的元帝国对云南的统一较之大理国时期显然是一个质的飞跃，但是，由于大理总管的独立存在，云南众多的族群极其复杂的关系，统一的巩固与发展还有许多问题要解决。所以，明初，在中原大部基本被平定，残元势力又被压缩在漠北一带，对中原很难构成较大威胁之后，明太祖朱元璋开始着手经营对国家统一有着重要战略地位的云南了。

云南的地缘政治

云南地处中国西南边陲，师范在《滇系·疆域系》中说，云南全境，尽为连绵起伏的山脉，没有一日路程的坦途，水道多为山谷中的溪流，没有能畅达行舟的宽阔河道。在地理位置上，云南是中国不可分割的有机整体，它是云贵高原的重要组成部分，也是青藏高原的南缘，陆韧教授在《云南对外交通史》中认为，"中国于云南似其瓜，云南于中国似其蒂，瓜蒂之间血脉相连"，地理位置上的一体，使云南自古就同中原内地在政治、经济、文化上成为一个统一的整体。从地缘政治学和国家边防的角度来看，云南对内居于西南诸省之上游，内接西藏、四川、贵州、广西各省区，与之辅车相依，恰似国之犄角；云南对外则据印度支那之顶端，南凌越南，西控缅甸，若高屋建瓴、形势雄胜、地位冲要，为边圉之重镇、国防之要塞，是控制中南半岛诸国的前沿基地和连接成渝地区、两广西江流域两个"次等基本经济区"的战略通道和接合部。

对于云南在国家统一中的战略地位，前人已多有论述。顾祖禹在《读史方舆纪要》中认为，云南虽然距离中原最远，天下若发生变故，势必不会立刻波及云南，但云南对于天下而言，利害攸关，从很多方面影响着天下的兴衰，即西南边疆无事则已，有事则云南首当其冲。云南一隅之得失，小则关系到西南诸省的安危，大则影响整个国家的兴废。明末清初永北人刘彬在《全滇疆域形势论》中认为云南虽然地处西南边陲，其对于全国其他地方而言，并非有如关中要塞可凭险扼守，也非有如四川的蚕丛剑阁险要崎岖，更非有四川盆地沃野。云南只是以山高箐密，路远林深，各少数民族窟穴盘踞，或与内地居民汉夷杂处，或沿边尽为少数民族所环绕，他们无事则刀耕火种，以足温饱，且视此为乐土，有事则依山为势，即为阻挡外侵的鸿沟。刘彬在对云南于国家的特殊地位与重要性进行了阐述后，认为云南应"为有国者所宜留心"。且云南之于中国，"可以有而不可不有也"，是国家一统的必要组成部分。其后师范在《滇系》中进一步深化了刘彬的观点（师范在《滇系·疆域系》开篇就全引刘彬之《全滇疆域形势论》，认为"刘先生之言如此，虽有作者，不复能易，录之卷首，则滇中疆域如指掌云"）。在师范的《滇系》中，全篇贯彻云南虽地处西南边陲，但云南对于天下而言，就像人身体中的肩背，一家人过日子中的粮库，相辅而行，缺一不可的观点，再一次说明了云南与全国的关系及云南之于国家一统的重要性，强调云南"以一隅系全局安危"的战略地位。正如有华企云在《云南问题研究》的序言中指出的那样，云南"面积虽系次大之省"，但"形势之重要，则要为任何各省所不及"，"一孔之土，以为云南边瘠之地，何关大局；而不知云南据各省之上游，有倒掣天下之势。由云南入川，则据长江之上游，过贵州至黄平沅江，以达湖南，则可左右北方。若夫东走广西，沿西江而下，则又可据珠江流域。刘维坦云：中国如瓜形，而云南则其瓜蒂也；瓜蒂滥，则全瓜滥矣"。龙云在为《新纂云南通志》所作的序言中也明确指出，"我们云南自庄蹻开滇，爨氏、蒙氏世代相传，南诏、大理相继建国，元、明、清三代设置行省，上下二千多年以来，都是与中原呼吸相通，有着极其密切的关系。"民国以后，云南人民以敢为人先的精神，发动护国、靖国运动，这些影响全国安危的战役，正是云南人民对国家的贡献，更是超越了列代，龙云之言，对云南在维护国家统一中的地位更是进行了高度的评价。卢汉在为《新纂云南通志》所作的序言中，与龙云一样，在坚持"大一统"的原则下，进一步阐发云南在中国历史上所占有的极为重要的地位。他以历史事实说明：云南虽僻处西南，但凡言及其对国家之影响，都认为它关乎全国大局，原因是什么呢？从民国以来，我们就看得很清楚，如护国之战，云南以一隅系全局安危，抗日战争期间亦以云南为反攻基地。纵观往事，云南人不可妄自菲薄！当年英奎给光绪《云南通志》写"序言"时说：云南是可大有作为的地方，而光绪《云南通志》也是大有作为的书，这句话说得太对了。卢汉的话同样强调了云南与中国密不可分的关系及云南"以一隅系全局安危"的战略地位。而抗战期间，避居云南的张肖梅在《云南经济》中追溯了历代云南重要的战略地位之后，认为"凡此均足以示历代统一中国者，必得云南而国家始平；而苟能保有云南者，虽有一时中原沦丧，犹必能拯救危局，光复故土也"，对云南在国家统一中的战略地位也进行了精辟的总结。而正是由于云南特殊而重要的地理位置，决定了元末明初的云南必将成为各种矛盾冲突的焦点之地。

元末明初云南的局势

元末明初，朱元璋虽然定都南京，但局势仍不甚明朗，仍然存在多股势力逐鹿中原的趋势。其时，元皇朝的政治势力刚刚撤离中原，长城沿线及西北、西南、东北的大部分地区仍为元朝残余势力所占据，存在着对明朝三路钳制的态势。而且，此时的元皇朝还基本保持着较完整的政府机构，时刻伺机着复辟，"整复故都"。北方的形势是这样，当时其他地方的形势也丝毫不容乐观。其中，云南的元梁王巴匝剌瓦尔密还在与明廷对抗，甚至在《元史》修完两年之后，还将前来诏谕的明使王祎杀害，以示与明廷对立。此外，四川明玉珍的夏政权当时也是独立于明统治的割据政权，据险与明朝分庭抗礼。即使是明军刚刚占领的中原及湖广、闽粤等地区的社会统治秩序也尚未完全恢复正常，也是"久罹兵革，民生凋敝""比户空虚"以及水旱之灾连绵不绝的严峻情况，阶级斗争形势依然紧张，人民的反抗也并没有因新皇朝的建立而停息，例如小明王在西北的信徒就一直在活动，而且各立帝号，组建政权，毫无承认朱氏新朝的意思。除上述军事、政治上的危局外，同样使明统治者感到焦虑不安的，是江浙地区很多士人依然钟情元廷，思想深处仍将元朝视为"正统"，而对农民起义起家的明政权表示蔑视，更无意甚至拒绝出仕与新的明政权配合。他们在诗文中往往流露出怀恋旧朝的情结，如叶子奇虽已仕明，但是他的《草木子》仍然称元朝为"国朝"，称元君为"圣上""上"。

而地处西南边陲的云南，也成为多股势力争夺的主要场所。此时，元代云南行省的范围内发展起三大割据势力：首先，以正统而言，云南仍处在故元朝梁王巴匝剌瓦尔密的控制之下。蒙元势力虽然退出中原，但在漠北仍然有北元朝廷的存在，云南仍奉北元为正朔。《明史·梁王把匝剌瓦尔密传》中记载，云南梁王每年都会派遣使者通过"藏彝走廊"（此提法是费孝通先生于1980年前后提出的一个民族学、民族史的概念，包括青、甘、川、藏、滇等省区毗连的青海东南部、甘肃南部、川西高原、藏东高山峡谷山区以及滇西地区，该区域内的山脉、河流大都呈北南走向，是古代民族南来北往、迁徙流动的天然走廊）的天然通道到达北元皇帝所在的行宫朝觐，依然执臣节如故。同时，梁王还以平章、右丞、参政、总管、宣慰使等官衔，笼络云南各民族首领以对抗明朝，并控制着滇中、滇东等广大地区。其次，滇西为仍被大理段氏盘踞。大理段氏政权自唐代即世代统治大理，忽必烈征云南，段氏臣服于元朝，忽必烈赐其首领段智兴为"摩诃罗嵯"，任命大理国王族段氏后裔为大理总管，仍命守土如故，驻大理。元朝前期，中央的统治随着强大的元军势力深入云南，军事控制力量强大。但元朝中叶以后，云南省内代表中央的行省和宗王势力与代表地方势力的段氏并存，形成分域统治，元中央王朝势力主要控制滇中及其以东地区，段氏势力则控制滇西地区，造成元中央对西南边疆地区的统治必须经由段氏控制地区才能达到。在段氏的中梗下，元朝对西南边疆统治无法深入，鞭长莫及。特别是元末，由于国势衰乱，滇西段氏乘机坐大一方，与行省分庭抗礼，形成尾大不掉之势。段氏势力在滇西发展，必然与梁王在中庆的统治发生矛盾。元末以来，两者曾不断进行争夺战争，元、段"分域构隙"的政治局面自此形成，即出现了如张紞在《云南机务钞黄》中所言的元末因梁王与大理段氏不和，而梁王没有力量控制大理，致使大理仍为半独立性质的政权，对云南的政局仍然发生着重要的影响。再次，怒江以西至伊洛瓦底江上游已经成为麓川的势力范围，其在元末明初已经对云南虎视眈眈，不时侵扰边境，成为云南不稳定的因素所在。此外，滇东的"夷人"仍然称霸一方，据地自雄。最后，徐寿辉的部将明玉珍占据四川后，建立"夏"政权，仍以红巾为号，自称陇蜀王，整兵东防夔关，西向云南扩张地盘。特别是元至正二十三年（公元1363年）三月，明玉珍率其同党李芝麻及其弟明二等，将兵三万，攻入云南，直抵金马山下，梁王被迫出逃，遣使求救于大理总管段功。段功遂起兵帮助梁王进攻吕合（今属南华），大败红巾军于关滩江，斩获千余，士气大振。红巾军收拾余部与段氏再战，杀段氏骁将钱万户。梁王亲自撰文祭祀，由此人皆感奋。是夜，红巾军驻扎于田山寺，段功令人纵火焚寺，致使红巾军大乱，段氏趁机掩杀，红巾军死者大半，段氏追至广通县之回瞪关，又大破之，明玉珍败回重庆，梁王乃回中庆，升段功为云南行省平章。不久双方矛盾又爆发，梁王杀段功，功子段宝据大理袭职，梁王七攻大理不下，乃各守中庆、大理如故。

以上的这些势力在元末都有与新兴的明王朝逐鹿云南的能力，鹿死谁手，只是看各方势力对时局把握的能力。而此时对新兴的明王朝能产生最大威胁的乃是蒙古势力。

"藏彝走廊"对明朝统一云南之影响

正如清礼亲王昭梿在《啸亭杂录·善待外藩》中所认为的，蒙古一直"世为中国之患"。原因是明朝欲一展宏图，占据中原，其中最难对付的当为消除蒙古势力的威胁，认为蒙古虽然退居大漠，但实力仍存，仍为其后顾之忧。蒙古若以其战略地位联合云南，南北夹击明朝，可令明失其鹿，难图长远。从当时各实力集团的政治动向看，元朝灭亡后，蒙古各地豪强复国愿望仍未泯灭。因而在当时环境下防范蒙古诸部成为明王朝得以打天下、坐天下的要务。换言之，对于明王朝来说，蒙古不顺，难顺全局，蒙古不定，难定全局。

"藏彝走廊"在历史上一直被认为是兵家必争之地，是连接云南与四川、西藏的重要战略大通道，因其独特的战略位置，一直影响着国家边防的安全。"藏彝走廊"为云南进入中原必经的喉噤之一，这一条交通孔道，因其独特的战略地位，很早就进入历代统治者的视野。公元1253年，蒙古大军在正面进攻南宋时遭遇了激烈的抵抗，为了摧毁了南宋政权，蒙古政权采取了"斡腹之举"的策略，跨革囊渡过金沙江，绕道云南，摧毁大理政权；以云南为基地，南北夹击，一举消灭南宋，结束了云南持续500余年的自治局面。此战役最能体现云南在国家统一中的重要战略地位，并对全国统一产生实质性的影响。蒙古军队通过"藏彝走廊"这一重要交通孔道，跨革囊渡金沙江，利用"藏彝走廊"居住的西南诸蕃的军力，攻灭大理，分兵收鄯善（今昆明）诸城，降服其众，据有其地，进行"斡腹之举"，两线夹击南宋，最终一举攻灭南宋，统一中原。此战最突出的特点就是：蒙古人秉承了诸葛亮"陇中对策"制定的先定南方，然后可以固巴蜀，固巴蜀，然后可以图关中，最后统一全国的高瞻远瞩的战略思想（忽必烈听取了南宋降将郭宝玉的建议后，制定了先攻取西南诸少数民族政权，然后再图天下的战略，详见《元史·郭宝玉传》），采取了其最擅长的利用蒙古骑兵能够快速机动、绕道避难、以曲为直的战术策略，最大限度地利用"藏彝走廊"作为沟通南北的交通孔道功能，借助云南特殊战略地位来夹击南宋，从而一举奏功。蒙古族在占领"藏彝走廊"地区后，派驻军旅，选官设制，初创土司制度，使该区域首次被完全纳入古代中国大一统的政治格局中。而元初所采取的仿照汉朝制度，在西南夷及吐蕃之地设置郡县的思想和行动都是纳"藏彝走廊"入版图思维的体现。具体而言，元朝在云南行省境内与"藏彝走廊"相关地方设置的地方统治机构主要包括罗罗斯宣慰司、丽江路军民宣抚司和大理金齿等处宣慰司，大体包括了今天的滇东北、滇西、滇西北及今四川的冕宁、西昌、木里以南至与云南接界之地，也即康区南部。此为"藏彝走廊"进入云南的必经之路。据彭大雅的《黑鞑事略》所载，蒙古族对外用兵，乃是男女老少及牲畜财产全部伴随着军事行动而举家迁徙，本身就是一种民族大迁徙；他们一般也是"以营为家"，随着元朝在"藏彝走廊"地区各级统治机构的相继建立，不但有不少蒙古人和色目人因出仕而迁入，更有大量以蒙古族为主的各族军队前来戍守。因此，随着驻军而留居的蒙古族移民也在这些地方定居下来。所以，元明易代后，蒙古族虽然被迫退回北方草原，但他们依然对"藏彝走廊"地区的历史发展保持着巨大压力。

在元末明初，"藏彝走廊"的南北通道功能依然为残元势力所利用。云南的梁王巴匝剌瓦尔密与退回蒙古草原的北元之间之所以能够长期保持联系，正是借助"藏彝走廊"作为双方人员往来的通道。双方随时有联合的趋势，据冯甦的《滇考·三将军定云南》所载，北元嗣君甚至派遣侍郎托克托为使者，经过"藏彝走廊"到达云南征兵索饷，同时，意图与云南同时起兵，南北夹击明朝，进而恢复元朝在中原的统治地位。而梁王也经由此道派遣铁知院等人出使漠北，但中途为明将徐达所擒获。此外，也有投降于明朝的蒙古族军队试图借道"藏彝走廊"北窜，返回蒙古高原，据《明太祖洪武实录》洪武二十二年（公元1389年）正月己亥条所载，松潘军民指挥使徐凯领兵追击试图通过"藏彝走廊"叛逃回漠北的蒙古族军队跋迷旦等人，一直追到了连云栈等地。据曾现江的《胡系民族与藏彝走廊：以蒙古族为中心的历史学考察》一文研究，在元明易代之际，驻扎于"藏彝走廊"地区的蒙元官吏及军队除了退回北方草原外，大多向明朝投降，被授予世袭土司官职，从而在"藏彝走廊"地区落籍。可见，此时"藏彝走廊"地区仍然处于蒙古族的统治之下。

朱元璋在建立明朝之后，也充分意识到了这一问题，他也担心北元与云南联合，南北夹击，使明朝失其鹿。而其正是鉴于云南特殊的战略地位及南宋时蒙古势力假道"藏彝走廊"而占领云南，进而南北夹击攻破南宋的教训，在中原地区基本平定后，招抚或者进军云南，也成为势所必然之举。

七次招抚

朱元璋意识到云南在整个国家统一中的重要地位与作用。在稳定中原，巩固政权的同时，朱元璋本以为统一乃大势所趋、人心所向，趁全国统一的兵威，云南可不烦兵而下。谷应泰的《明史纪事本末·太祖平滇》中记载，朱元璋认为云南如果以大兵攻取，恐怕会劳师费饷，殃及全国百姓，乃决议采取和平手段招抚云南，由此前后共七次遣使招抚云南。

在"不欲用兵"这种思想的指导下，早在洪武二年（公元1369年）二月，朱元璋就派遣元朝降臣广西平章阿思兰等持诏招抚云南诸部，但被梁王拒绝。其后，洪武三年（公元1370年）六月，朱元璋再次遣使诏谕，所携诏书情词恳切。朱元璋说："因蒙元残暴，我怜悯中原生灵涂炭，乃大举义兵，试图救民于水火、拯民于倒悬，现今占城、安南、高丽诸国都已向我大明遣使朝贡。我力图仿照之前历代贤明君王治理天下的策略，希望中外人民都能够安居乐业。但考虑到云南僻处边陲，不能够完全知晓我的意图，特派遣使者到云南进行招抚，使你们知悉我的诚意。"但此次招抚又被梁王拒绝。朱元璋两度遣使招抚云南，云南诸部自恃山高水险、地处边远，对明王朝的招谕置之不理。但朱元璋仍未灰心，继续接连不断派遣使者到云南劝降。

洪武五年（公元1372年），广西业已平定，同时，明军已经攻取四川，夏政权亡，明玉珍之子明昇归降。朱元璋本可趁机移得胜之师，分兵两路向南、向西夹击，云南可一鼓拿下，但朱元璋仍坚持其招抚云南的本意，收兵回京师，再次派遣浙东名儒翰林待制王祎携诏招抚云南。诏书中朱元璋说："我本一介布衣，因不堪蒙古人的残酷统治，乃大举义兵，图奠安我华夏，恢复我中国疆土，因此上顺天命，下承民意，乃继皇帝位，定国号为大明，建元洪武。之后乃四处遣使以宣扬我治国理政的意图。我所派遣的使者无论到达何处，各少数民族的头人莫不称臣纳贡。现在，只有你梁王巴都、平章段光、都元帅段胜据守云南了，我也数次遣人招抚，但没想到四川等地有人凭据险隘，阻断道路，致使我的诚意未能到达云南，现在四川业已平定，我害怕你们还没有收到我的诚意，因此再次遣使前往诏谕。虽然我的品德还没有达到中国古圣先王的高度，能够使四夷怀德归服，但我对你们的诚意也不可不使天下人民所周知。"因王祎口才极佳，多方晓以大义，梁王心生动摇，不料此时正好北元使臣脱脱沿"藏彝走廊"到云南征集军粮，得知此事后，大为光火，迫使梁王杀害王祎，并要求梁王公开表示据地凭险与明王朝对抗的意向。

洪武七年（公元1374年）八月，朱元璋又遣故元顺王之子伯伯赉诏往谕云南。此次，朱元璋已知梁王与大理段氏有隙，又修书一封敕谕大理段氏说："大理在唐、宋时被中央王朝封为'南诏八郡王'等爵位，但到元朝时被削去国号，只是自称土官。现今大理段氏总管地方只是属于梁王的附属之地，并没有恢复唐、宋时期的封号。我与臣工商议，假若你们能归顺我大明王朝的话，我们将依唐、宋故实，封段氏为大理国王。现特遣使者转达我的意图，假若同意的话，我将颁给你印信诰命，命你们开国理民，同享承平之福。"朱元璋以封大理段氏为王作为条件，如果梁王仍然抗拒不降，则与大理合兵加讨，但梁王仍然拒绝归顺，大理段氏也置之不理，此次招抚仍然不了了之。

洪武八年（公元1375年）朱元璋再次派遣湖广行省参政吴云携带之前被徐达俘获的云南铁知院赴云南招抚梁王和大理段氏，希望他们能看清形势，及早归附。不料吴云在半路竟被铁知院杀害，此次招抚仍归于失败。由于梁王与大理段氏负隅顽抗，朱元璋招抚工作难有起色，甚至在准许梁王"仍旧封"并封段氏为"大理国王"的情况下都遭拒绝，几番招降俱不得要领。朱元璋乃决议派遣大军南征，武力平定云南。

裹甲南征　平定云南

朱元璋立国十余年，云南恃远自雄，朝廷屡派遣使臣招抚，云南却屡次抗命，拒不归附。

洪武十四年（公元1381年），朱元璋认为：云南自古就是中国的领土，秦汉时就被称为西南夷，西汉时就设置郡县、派遣官吏，已经臣服西汉朝廷。现今元朝已经灭亡，其余孽梁王巴匝剌瓦尔密等仍然恃远自雄，桀骜梗化，屡次遣使招抚，都被其杀害。现梁王占据西南一隅，抗拒统一，必须派遣大兵征讨。由此，下定决心平定云南。朱元璋乃于贵州设省，打通通往云南的交通要道，并大规模移民屯垦贵州，储备军粮，以备征讨云南之用。

朱元璋征讨云南的决定也得到群臣的积极响应。九月，朱元璋命颍川侯傅友德为征南将军、永昌侯蓝玉为左副将军、西平侯沐英为右副将军，统帅将士24万余人，给予布帛344390匹、钞18980锭，大举进军云南，力图将云南一举纳入明朝的大一统之内。

三将军平滇

洪武十四年（公元1381年）八月初一日，三将军率军即将远赴云南作战。临行前，朱元璋亲自部署说："我纵览全国舆地之图，熟知云南的要塞所在，你们行军过程中，应当先派遣一支军队自四川的永宁直趋乌撒。而大军当自湖广的辰州（今湖南沅陵）、沅州（今湖南芷江）而入，攻破普定后当留兵驻守要塞，然后分兵进军云南曲靖。曲靖乃云南的咽喉要地，梁王必定集聚重兵在此防守，以抗拒我军。如果攻克曲靖，应遣一位将军领军进军乌撒，以接应永宁进兵乌撒的军队，然后会师直捣中庆路（今云南昆明），则昆明必破。攻破昆明后，则分兵直趋大理，毋需逗留，则可直接攻取大理。"即朱元璋要求分兵两路。一偏师由四川永宁入云南；另一主力由湖广辰、沅经贵州至曲靖。曲靖乃云南咽喉，梁王必设重兵防守，攻下曲靖，主力再分为二：一路为接应永宁之师，使敌彼此牵制，疲于奔命；另一路则直捣中庆，中庆破，大理则气夺，攻取则易，其余路、州、县、部落，可遣人招抚，不烦兵而下。为了迅速攻取云南，朱元璋要求三将军要熟悉云南山川形势以便"出奇取胜"，同时，朱元璋还要求三将军要熟察云南各少数民族的具体情况，具体问题具体分析，对各少数民族采取"宽猛适宜"的"驯服之道"。

白石江之役

洪武十四年（公元1381年）九月初一日，征滇的准备工作基本完成，朱元璋亲至奉天门，正式宣布命颍川侯傅友德为征南将军、永昌侯蓝玉为左副将军、西平侯沐英为右副将军。随即，又面授三将军有关行军机宜，并亲自离开京城至城西之龙将为征滇将士饯行。

三将军将师离开南京后，旌旗蔽江而上，直达武昌。按照朱元璋的事先部署，遣都督胡海洋、郭英分兵5万，继续由水路经重庆，由泸州经陆路趋永宁，大军主力则经湖南辰州、沅州，由蓝玉、沐英率领直取贵州，于十二月进入普定（今贵州安顺）。在普定，明军遭遇到当地安氏土司安瓒的阻挠，但很快被明军击溃，生擒安瓒，后安瓒被释放后，安氏土司以马、粮、毡、刀、弩、牛羊万计补给明军。此后，明军势如破竹，沿途守军纷纷投诚。不久就抵达普安（今贵州盘县），随后攻占平彝县（今云南富源县）。平彝为贵州进云南的咽喉要地，占领平彝后，滇中咽喉重地曲靖就门户大开了，明军随时可以进军云南。

十二月十八日，三将军兵至曲靖。不出朱元璋所料，梁王得知征滇明军攻下普定的消息后，急忙派司徒平章达里麻统帅精兵十万驻曲靖，于白石江以南以阻明军。在双方主力即将遭遇之际，沐英想到朱元璋"出奇取胜"的嘱咐，大受启示，乃向主帅傅友德献计道：达里麻的大军驻扎曲靖，必以为我军远道而来，行军疲乏已极，又不熟悉山川地形，所以不会迅速出兵曲靖。而他们自以为熟悉山川地形，又有充足储备，乃以逸待劳、有恃无恐，肯定盲目轻敌。如果我们绕道其军背后，出其不意现于敌前，可收"先声夺人"之效。傅友德采用了沐英的建议，乃急速行军，挥师趁大雾急进。大军刚抵白石江，眼见雾散，遂阻水而阵。达里麻等见三将军之兵从天而降，大惊失色。征南将士发现白石江江面仅有一里多宽，其浅水处可蹚水而过，都跃跃欲战，主帅傅友德亦有此意。值此关键时刻，沐英在观察了敌军阵势后，又对傅友德说：我军远道而来，现在行军意图已被对方识破，本应抓紧战机，抢先渡河速战速决。但渡河出击不容易，达里麻已经全军扼水而阵，如趁我军渡到河中央时全力出击，恐怕对我军不利，不如我军也在河边整顿军队，做出要立刻渡河作战的情形，引达里麻全神贯注于此，然后另遣一支军队，从远处下游偷偷渡河，出其不意在他们背后广树旗帜，鸣金呐喊，使达里麻军慌乱不知所措，如其调兵营救，其原列之阵必乱，我军可趁机挥师渡江，伤亡肯定很小。此议又为傅友德所采纳。明军乃布阵于白石江边，但仅作欲渡河之势，达里麻统领全军精锐严阵以待。于是，沐英另遣勇猛善泳者数千人充先锋，从白石江下流悄然渡江，随后持长刀盾牌登岸，绕到敌后，在山谷之间大鸣鼓角、广树旗帜，以为疑兵。沐英随即拔剑督师前进，达里麻见状胆战心惊，以为大批明军从背后袭击自己部队，急令阵后军队掉头进

曲靖白石江战役雕塑

行抵抗。可是阵前军队觉察后，惊慌失措，由此阵脚大乱，纷纷溃退。达里麻军一退数里，方得以重新结阵。傅友德全军渡河完毕，整队前进，明军旌旗蔽野、铠仗鲜明，达里麻军为之夺气。傅友德挥师与战，将士奋勇向前，箭矢如雨点般射向敌阵，大炮轰鸣声，加上士兵鼓噪之声，震动天地。双方鏖战良久，难分胜负。经数次交战后，沐英发觉敌阵稍有退却，乃率领铁骑直捣敌阵中坚，往返砍杀敌军至数百人，其余明军见之，士气大振，越战越勇，锐不可当，敌军溃退，明军大胜，并生擒达里麻。

白石江一役，战场横尸十数里，沐英等俘获敌众二万余人，马万匹，梁王的精锐之师在此次战役被一举歼灭。所俘二万军士，沐英等好生款待，向他们讲明明军征云南的主要意图，然后放归故里，使其各从旧业。被放归者大为感激，亲邻见他们回来后亦喜其得再生。归乡的士兵到处宣扬征南大军曲靖白石江大战的军威，也叨念征南主将释放他们的恩惠，二万归还者的宣传，极大扩大了曲靖一战的政治影响，征南大军声势益壮。

曲靖白石江一役，对于征南大军而言是一次决定整个征南战役成败的关键之战，意义重大。沐英在此次战役中发挥了至关重要的作用。正如谷应泰在《明史纪事本末》中所称赞的一样：曲靖白石江之役，沐英英明决策，趁大雾进军，大军悄然抵达白石江，抢占先机，是此役能取得大胜的关键所在。其后，沐英又献计令部分明军从白石江下游悄然渡江潜出敌后，广树旗帜、大鸣鼓角，使得敌军胆战心惊；所列之阵一退而不能止，就如当年苻融淝水之战中一退千里。此计对于瓦解敌军军心、生擒达里麻起到了重要作用，谷应泰把沐英在白石江一役中的决策作用和春秋时指挥城濮之战的先轸、指挥淝水之战的谢玄相提并论。此外，沐英当年九月出师，十二月即进入云南，进军如此神速，一点不亚于以风动神行、善于长途奔袭作战著称的东汉光武帝的建威大将军耿弇以及曾经使得突厥闻风丧胆的唐太宗时的大将李靖。沐英的用兵出神入化，即使当年唐代大将薛仁贵在世也要咋舌称神，北宋名将杨老令公也要望尘罗拜，此次战役也奠定了此后沐氏父子在云南威行并著的局面，对沐英的评价不可谓不高。

进取中庆

攻克曲靖后，按照朱元璋的事先部署，傅友德留重兵戍守曲靖，其余军队则乘胜而进。傅友德分兵为二，其亲率一支军队直捣乌撒（今贵州威宁），以接应四川永宁的郭英、胡海洋的部队；另一路军队由蓝玉、沐英率其余征滇将士直趋中庆（今昆明）。

攻取中庆的战斗十分顺利，梁王精锐已尽，无力抵抗，蓝玉、沐英长驱直入。二十三日，师至板桥驿，元云南行省右丞观音保等率众出降，梁王驱妻、子赴滇池溺亡，自己逃往晋宁后也自杀，沐英等驻兵金马山。原梁王太监也先帖木儿以金宝图册来献，至此，标志着元朝在云南的统治业已结束。中庆城父老焚香拜迎，欢迎明朝将士入城。入城后，三将军收集梁王金印及官府印信图籍，安抚百姓，同时，颁布军令，严禁士兵掳掠，要求部队做到秋毫无犯，战乱过后的昆明城出现了市不易肆的局面。

随后，蓝玉派遣曹震、王弼、金朝兴等率兵二万南下临安（今建水），西攻威楚（今楚雄），皆顺利攻克。此时，郭英、胡海洋一部在永宁至毕节一线，击溃了当地的彝族土司武装后，正与元右丞实卜率领的元军对峙，亟待增援。沐英在攻克云南府后，也分兵趋乌撒，与傅友德汇合。之前都督郭英等攻打永宁，由于道路崎岖险阻，诸将求战心切，急欲深入。沐英认为破敌贵在能抢得先机，攻击的最佳位置是就近攻击，舍近求远并非上策，决定以兵攻击距离他们最近的赤水河。明军乃在距离赤水河岸二十里处扎营。时天下大雨，经久不停，河水暴涨，沐英认为敌人见河水大涨，根本想不到我军会进攻，必须趁其不备，出奇制胜。乃下令诸军伐木造筏，半夜渡河。天明时，部队全部渡河，彝族土司兵方才察觉，遂大惊溃退。傅友德乃率师直捣乌撒，乘胜占领滇黔交界区的交通要冲七星关，打通了通往贵州的道路，紧接着又进军可渡河。闻此消息，滇川黔交界地区的彝族土司分外震恐，东川、乌蒙、芒部诸土司皆望风降附。

自蓝玉、沐英率部进驻昆明至洪武十五年（公元1382年）闰二月大理之役前，明朝征南大军分兵先后攻取了临安、建昌、澄江、元江、寻甸、楚雄、洱海等地。其间，故元官吏前来归降蓝玉、沐英的人也非常多，仅洪武十五年正月间，蓝玉、沐英共计获金、银、铜印74颗、金符7道、马12560匹。洪武十五年正月初七日，云南左、右、前、后及普定、黄平、建昌、东川、乌撒、普安、水西、乌蒙、芒部、尾酒等14卫指挥使司成立。二月初三日、初五日，云南都指挥使司、布政使司又先后宣告成立，其所属诸路改为府、州、县，名称仍照旧，并设官吏以安其民，着手经营云南。

规取大理　树帜点苍

洪武十五年（公元1382年）正月，傅友德率师进驻威楚（今楚雄），遣使诏谕大理段氏出降。大理城背倚点苍山，面临洱海，形势险要。大理国主段世因恃苍山洱海之险、上下两关之雄，拒不归附。在得知中庆已失、梁王已亡之后，其聚土兵五万守上下两关，试图抗拒征南大军。

大理战书

此时，大理段世主动投书傅友德，请求划地而治，封其为王，即史书所载之"大理战书"是也。据倪蜕的《滇云历年传》记载，段世虽表示愿意归附明王朝，但依然要求以唐宋为例，大理只是奉明朝正朔，定期朝贡，永远作为外藩。即大理依然独立自治，并维持其总管的地位。段世给傅有德的第一封信中，历数历代统治者对云南都是"宽仁"以取信，再言梁王与段氏构衅，有灭亲之仇，追述明初对云南的招抚，信末委婉和平地表达出罢兵求封之意。傅友德乃修书致段世说："今天我们挥师大理，是奉朝廷之命，对有罪之人进行诛灭、无罪之人进行安置，如果是商讨归附之事，具体情况可以奏请圣上明示。但如果只是逞口舌之利，以此相欺，则不如加强你们的防守，等待我军进攻，假若现在仅以你的威吓之言就要我们订立城下之盟是不可能的。你自己好自为之，不要疏忽大意，也不要后悔。"傅有德对段氏所言，一一加以驳回，责备段氏在"梁王未败之前"，不仅不"发兵犄角，共灭云南"，反而"为彼声援，闻败而逃"，并表达出要段氏赶快降服，否则，"欲为城下之盟，必不可得"。即傅友德答段世书的结论——段世只有降服方可得到明朝皇帝的宽待，否则就付诸武力。

段世又致书傅友德，强调云南为历代所不有，并列举历朝对云南用兵的失败来规劝傅友德停止用兵,依从段氏封王入贡的要求,信中说:"西南号称不毛之地,民风彪悍,局势容易变动,难有安定之时。特别是等到春天一到,气候转暖,此时百花盛开,瘴疠开始横行,污秽之气遍野皆是,你等必染疠疫。我们不需勇猛的兵士与你们作战,就可以兵不血刃地解决掉你们。到了四五月间,天下大雨,雨水连绵不绝,导致江河泛滥,道路阻断,你们就往返艰难了。等到你们疲敝不堪,粮断水绝之时,士卒十逃亡八九,十病倒六七,此时,你们已经形如鬼魅,色如黑漆,毛发脱落,骨脊露出,死者遍野,生者相视,欲死不得,欲活不能,你们将凄惨涕泣。这时,云南诸夷则会乘隙而动,四处蜂起,弩人发毒箭,弓人击劲矢,实力稍弱的则在半路堵截你们,实力强大的则攻击你们的营盘,到时候你们进退都会狼狈不堪。莫若趁现在天气晴朗,地面干燥,瘴气未发,你们早寻活路,能够保留一个全尸逃归乡里,可以与父母妻子团聚,享受天伦之乐,这样就可死而无憾了。虽以军律论处,朝廷难道会全部把你们军法从事吗?你们宁可做中原的死鬼,也不做边地的游魂,你们要好自为之。"段世还附诗一首:"方今天下平犹易,自古云南守最难。拟欲华夷归一统,经纶度量必须宽。"信中再次申述出兵镇守与用土人镇守所存在的利弊,"留兵而镇有泰山之损,无鸿毛之益;仍土人而守,有贡赋之利,无供给之害",进而以云南为瘴疠之区来恐吓明军,一旦染成疠疫,"拒汝不假砺兵,杀汝不须血刃",书信中的恫吓之势咄咄逼人，警告傅友德"宁做中原死鬼，莫做边地游魂"，其肃杀之气跃然纸上。信写到此，语言之傲慢，态度之坚决，已不再像是一封求和之书，而更像是段氏面对明大军所下的一封战书。傅友德严正驳斥段世谬论，命令段世及早降服。既然征南大军并没有按照段氏的要求"班师罢戍"，而大理段世又不按照傅友德的要求归降，那就意味着双方用书信进行的政治谈判已经破裂，双方的结论都归结到了一点：只有兵戎相见，用战争决一胜负。

《弇山堂别集》所载《大理战书》

在大理战书中，段世还列举汉唐宋元的历史案例，试图证明"依唐宋故事"是处理云南事务的良方。可是，时代不同了。明王朝同样回顾历史的教训。唐代处理云南事务失当，导致南诏政权的建立和云南的相对独立。南诏不断寇扰唐朝西南边疆，致使唐朝为之困弊。宋人在《新唐书·南诏传》中总结唐朝的教训，错误地认为，"唐亡于黄巢，而祸基于桂林"。宋朝北有大敌，无暇顾及云南，加之将南诏看成唐朝覆灭的主要祸根，对大理国始终采取消极的防范，甚至编造出"宋挥玉斧"的神话，将大理政权视为外藩，使南宋王朝失去西南的屏障，给蒙古军队以可乘之机。公元1253年，蒙古军队强渡金沙江攻破大理国，将大理作为进攻南宋的军事基地，征调大理国的爨、僰"蛮兵"，利用大理的资源，从西南进攻南宋，与北方南下的蒙古军队相呼应，南宋陷于蒙古军队南北夹击的狼狈境地。此时，宋朝君臣方领悟到将大理化为外藩的失误，可惜悔之晚矣！唐宋王朝的教训，与明朝大兵压境的优势，使朱元璋清楚地意识到不可接受大理保持独立自治的无理要求，统一云南是统一整个中国不可缺少的重要环节，而且日趋衰落的大理总管势力，早已无力招架强大的明朝军队的打击。朱元璋鉴于大理负固不服，于是给傅友德、蓝玉、沐英三将军下令说："云南自汉朝以来就是中国的领土，只有宋朝例外，蒙元在没有统一中国之前，就意识到云南的重要而率先攻下云南，现在大理段氏桀骜不驯，侮辱朝廷，因此命你等率兵征讨。今云南各府州县业已平定,只有大理抗拒不服,出言恐吓,你等当立即进兵。考虑到大理段氏性情顽犷,诡诈多端,自恃山高水险,用以对抗官军,因此,攻战之策略,你等必须烂熟于心。长久驻兵围城,对我军不利,必须出奇制胜,'乘机进取,一举而定',使得今后不再有劳中原之师方为上策。"

大理之战

洪武十五年(公元1382年)二月,在朱元璋"乘机进取,一举而定"之方针指导下,蓝玉、沐英奉命攻取大理。二将军率兵至品甸湾,遣定远侯王弼领兵一支由洱海东趋上关,以为掎角之势,其余官兵则直抵下关。抵达之后,沐英曾亲自督师攻打下关,但遭到激烈的抵抗,未能成功。于是沐英一面率部队加紧赶制攻城器械,一面另遣都督胡海洋领兵一支于二十二日夜里四鼓时分绕道出点苍山后,攀木缘崖而上,立明军大旗以扰乱敌人军心,并令其伺机夹击守关敌军。可见,蓝玉、沐英仍采"出奇取胜"之术,即兵分三路:一由洱海趋上关,以为掎角;一间道渡河,攀援绕出点苍山,立旗帜山上;主力则由蓝玉、沐英亲率强攻下关。二十三日黎明,绕出点苍山的一支队伍,登山树旗,抵下关之主力看见后,士气大振,于是踊跃登城。山上的旌旗招展,关前的震天呼喊声,使关内敌众大为惊恐。沐英趁此时机,身先士卒,策马渡河,河水淹没了马腹。但将士看到沐英身先士卒,都紧随其后,无人落后，遂一鼓作气斩关而入，山上的军队，望见大军破关，亦并力而下，段世腹背受敌，大理城破，段世及其二子束手就擒。

大理之役，明军以阵亡八千余人的代价，歼灭段世两万余人，取得了辉煌的战果，这也是平滇战役中至关重要的一次战役，其巧妙应用朱元璋"出奇取胜"的策略，打得干净利落，比起历代征云南的战役，自是别开生面，给明朝治理云南奠定了坚实的基础。沐英不仅是这一战役的卓越指挥者，并及时提出合理有效的军事策略，而且也身先士卒，冲锋陷阵，鼓舞将士斗志，激励士气，为大理之战的胜利奠定了坚实的基础。此外，大理之役，一举摧毁了自元以来在洱海地区割据130年的大理段氏政权，使云南与中央王朝的整体性、统一性得到空前的加强。

大理之役后，沐英还师昆明时，途经赵州（今大理凤仪镇）昆弥岭时，见其地势险要，乃令将其更名为"定西岭"，并勒石以纪其功，以志平定大理之役。时至今日，该碑虽已不存，但在原址上重新立有民国元老李根源先生于重九起义成功不久后立的"定西岭"碑。当时，重九起义成功不久，李根源先生到大理调停"腾榆矛盾"，率军经过此地，"求纪功碑，使我汉业没而不彰"，但未能获见，乃令重新立碑，立碑的目的乃是为了使后人知道山名由来以及"千百世不忘先烈"的丰功伟绩，把沐英平滇战役比喻为恢复汉氏江山的革命义举，要求革命者学习他的精神。

大理之战，因沐英之功绩及其深远的政治意义，为历代文人墨客及沐氏后裔所怀念与称颂。沐英曾孙沐璘，20余岁时过龙尾关古战场，曾写下一首名为《过横岭铺望点苍山有感》的诗，以此缅怀自己祖先业绩，诗云：

> 横岭屹万仞，东望苍山遥。
> 阴晴异岩壑，坐完神飘飘。
> 古翠霁欲滴，星汉环岩峣。
> 浮云荡胸襟，晨光撒麈旄。
> 雄峦走象马，迭巘腾波涛。
> 上应逼太清，下应压神鳌。
> 天造奠南服，形胜何独超。
> 众山四趋赴，俯仰同儿曹。
> 忆昔蒙段徒，恃险多黠豪。
> 僭封号中岳，意将等嵩高。
> 王师靖万国，此险尤坚牢。
> 先王富筹策，虎士多轻骄。
> 缘木跻层崖，遂造山之椒。
> 元凶讶飞来，溃散如狐跳。
> 于今百年下，民尤仰勋劳。
> 因之动遐想，感慨成常谣。
> 何当摩苍崖，载颂清明朝。

此外，清代大理府通判黄元治在其《叶榆怀古》之四中，回顾大理由分裂走向统一的历史，歌颂明军大理之役的深远影响，诗云：

> 树帜点苍山，淮阴破赵计。
> 策马乱流渡，父擒子亦系。
> 蛮民衽席安，郡县星棋置。
> 学校与城池，设施各循次。
> 彼民有疮痍，苏以雨露惠。
> 彼欲习狂狞，化以诗书气。
> 千年虎负隅，地裂易钤制。
> 到今无战争，谁实遗之利。

此诗对于沐英身先士卒攻城略地，镇滇后在云南设卫所、筑城池、施文教等措施对云南的积极影响进行了总结，并以"到今无战争，谁实遗之利"结尾来烘托沐英之功绩，认为沐英平滇、镇滇、治滇使得云南直至清代仍保持稳定统一，足见沐英平滇、治滇的功绩之突出。而清代杨霆也以《定西岭》为题写诗以纪念沐英大理之役的意义，诗云：

> 惊看峻岭亘天来，云际危梯一线开。
> 白战承平忘地险，何人敢说定边才。

而清代万崇义的《定西岭和壁上韵》则言：

摩云峻岭属谁开，名自西征带甲来。
当日旌旗半天落，百年金鼓雨中哀。
势成破竹平蛮表，功上凌烟命世才。
展土恢疆原不易，合教勒石扫苍苔。

既克大理，蓝、沐二将军乘胜追击，先后取鹤庆，略丽江，破石门关，下金齿（今保山），军威大振，于是车里（今西双版纳）、平缅（今德宏）等处相继归降，全省大部分的地区基本平定。随后，沐英又与傅友德、蓝玉等一道更广泛地致力于云南设官立卫等方面的事务。至此，明政府基本上实现了对云南的统一。此次平滇之役，共计平定府、州、县、宣慰司、长官司等108处地方，涉及人民74600余户。

十年征衣　边境宁谧

在云南初定之时，以部分地方少数民族首领为代表的元朝地方残余势力，虽然在明朝大兵压境之时表面上臣服，但其为了维护其落后的社会制度、抵制明政府及征滇官兵等在云南大力推行内地较先进的府州县制，乃乘明朝征大军初来乍到、不谙地形、立足未稳，而且兵力分散、军队给养匮乏之际，煽动众多对入滇不久的明朝官兵尚且心存疑惧的少数民族酋长和族人，发动叛乱，占地为王，试图阻止明朝大军的前进步伐。

平定云南境内的叛乱

在此期间,沐英主要的平叛活动有:

第一,平定滇川黔交界地区彝族土司的叛乱。如前所言,由于云南特殊的地理位置、民族构成和历史的原因,元朝云南行省内部始终存在着几股政治势力。其中滇川黔交界地区的"夷人"仍然称霸一方,据地自雄。远古以来,在今云南东部、贵州西部与四川南部相毗连一带,逐渐形成一个以彝族先民为主体并包含有许多其他民族的分布地区,该地区政治局势错综复杂。这一地区的彝族统治者与中央王朝的关系是否密切,处于和平或者战争状态,不仅是中央王朝本身力量消长与对民族地区间接统治政策成败的反映,同时也是彝族内部社会关系发展的结果。它不仅关系到这一地区的开发与各民族友好关系的发展,而且直接影响到中央王朝捍卫西南边疆力量的削弱与加强。虽然在征南大军进军云南之时,沐英与傅友德按照朱元璋制定的分兵突击,直捣其巢穴,使他们自顾不暇,难以集中兵力对抗明军的政策,帅明军直接进军乌撒,并乘胜占领七星关,紧接着又进军可渡河。滇川黔交界地区的彝族土司东川、乌蒙、芒部诸土司迫于征南大军强大的军事压力,都望风归附。但在洪武十五年(公元1382年)四月,乌撒、乌蒙、芒部、东川、建昌等处土酋利用其地山高林密、交通不便的自然地理条件,杀明朝官吏，率先兴兵作乱。六月，沐英奉命自大理还至昆明，与傅友德合兵进讨。七月，直捣叛军巢穴乌撒，大败其众，斩首三万余，获马、牛、羊万计。其后，继续遣兵搜剿余党。至十六年（公元1383年）正月，叛军余党慑于兵威，相继出降，历时数月的叛乱被平定，乃分设乌撒、毕节二卫，驻军镇守其地。

第二，讨平云南府属地区的土酋叛乱，解昆明之围。就在傅友德、沐英进军乌撒，蓝玉又远在建昌之时，由于昆明守军甚少，云南府及附近一批忠于元朝的土酋乘机纠结为乱，他们认为总兵官傅友德、蓝玉、沐英等已经率领大军班师回朝，云南省城无兵防守，唾手可得，乃以土酋杨苴为首，煽动所部兵民，并纠集三泊、仁德、罗次、东川等地土酋二十余万人围攻昆明。其时，昆明城中粮食短缺，士卒多病，忽闻寇至，均忧心忡忡。城中都督谢熊、冯诚等一面遣人出城告急求援，一面率部婴城固守。叛军土兵攻城乏术，遂将昆明城团团围困，企图迫使守城者投降。因战守器械缺乏，昆明城时刻有被攻破的危险。守城将士乃乘夜派出兵丁向驻军乌撒的沐英求援。洪武十五年（公元1382年）九月，沐英得知消息后，立即亲率骁骑一万驰援昆明。及至曲靖，沐英派骑兵丁一名先行驰往昆明，令其潜入昆明城中传达军情。此人不幸落入围城土军手中，在敌人审讯他时，故意谎称总兵官傅友德统领的三十万援军即将到来。众土酋信以为真，慌忙连夜解围遁走。他们分路逃至安宁、邵甸、富民、晋宁、大祺、江川等地，据险树寨，企图伺机再举。沐英到达昆明后，为免后顾之忧，分兵一一剿灭，此次共歼叛军6万余人，俘获4000余人，云南又恢复了平静。

以上两次战役，极大地打击了云南境内的少数民族地方势力，加强了对云南地方的控制，新生的政权也得到了进一步的巩固。

洪武十六年（公元1383年）三月初一日，朱元璋以残元势力已基本消灭，云南业已平定，乃正式诏令傅友德、蓝玉班师。然而，云南的情况远比朱元璋所想象的复杂得多：首先，云南地处西南边疆，地形复杂，万山叠嶂，攻之不易，守之更难。其次，云南民族众多，社会经济发展程度差异极大，明朝虽然取得了统一云南的军事胜利，但各民族势力据险自守，时常发动反抗明朝统治的斗争，威胁着明朝在云南的统治。再次，由于云南初定，人心不稳，赋役体系并未建立。据张纮的《云南机务钞黄》记载，明军平定云南后所设的各处守御卫所，已经没有粮食，势必不能长久驻军，加上边疆一些少数民族的贵族势力乘机兴起坐大，危害边疆，如若按既定方略，仅留少量兵力镇守云南，必然造成大军一旦撤离，各少数民族又会群起反叛，此起彼伏，则会出现不能一一平定的困窘状态，甚至还会出现边疆危机，导致明朝对云南的统一功亏一篑的局面。鉴于上述复杂局势，只有在云南留镇一定规模的主力军队，保持强大的军事实力，才能做到维护交通畅通，弹压反抗势力，巩固胜利成果，维持明朝在云南的统治。为此，朱元璋果断调整了治滇方略，命其养子、征南右副将军沐英率部分征南大军留镇云南，并采取"大军屯聚"于重要战略城镇、交通干线，实施重臣镇守、留屯大军、移民实边的特殊措施。在给沐英的谕令中，朱元璋说："云南虽然已经平定，但云南众多的少数民族仍然心怀疑贰，一旦征南大军撤军，恐怕他们相互勾连叛乱，现将你留镇云南，多方设法扶绥安定，等到云南彻底平定之日，我再招你回京。"由此，开始了沐英十年镇滇的历程，并在云南历史上书写了辉煌的一页。

镇滇之因

首先，如前所言，云南在国家统一中具有极其重要的战略意义。特别是在元明易代之时，明朝的主要大敌乃为蒙古，而蒙古人一直控制着被誉为兵家必争之要地的"藏彝走廊"；明朝能否控制这一战略要地，对防止蒙古势力可能出现再次进军云南，南北夹击，使明朝失其鹿具有极其重要的意义。所以，经营云南，然后斩断蒙古之右臂，这是明朝的既定方针之一。

其实，在明军征滇过程中，征滇大军也特别关注这一区域的蒙古族势力。当时，一大批在"藏彝走廊"地区的蒙元官吏向明朝投降。这些投诚的蒙古族上层人物，虽然在明军势力强盛之时被迫表示归顺，但以后只要形势稍有变化，比如驻军减少等，他们往往相互煽动，试图重新恢复他们在当地的统治。如故元平章月鲁贴木儿也在洪武十五年（公元1382年）十月朝贡，明朝随即任命其为建昌卫指挥使。明军入滇后，故元北胜州土官参政章吉特穆尔也前来投降，授北胜州副同知。但在明初他们趁征南大军撤离回京之时发动叛乱，对川滇边区产生了巨大的影响。如建昌卫指挥使月鲁贴木儿在洪武后期发动的叛乱就在川滇边地区掀起了不小的波澜。

　　故元平章月鲁贴木儿在洪武十五年（公元1382年）到南京朝贡，由于当时云南尚未完全平定，明太祖不但任命他为建昌卫指挥使，而且下令对他按三品官发放月俸，土官按例并无俸禄，对月鲁帖木儿发放俸禄，充分体现了明朝对他的重视，给予他极高的待遇。但随着云南的渐次平定，月鲁贴木儿对于明朝的重要性相对降低，而且随着明朝势力逐渐深入建昌地区，双方因此发生矛盾。据《明史》卷331《西域列传三·长河西鱼通宁远宣慰司列传》记载，洪武二十五年（公元1392年）四月，建昌卫指挥使月鲁帖木儿、绎忽乐等发动叛乱，联合德昌、会川、迷易、柏兴、邛部及"藏彝走廊"中的少数民族上万土军，杀害明军男女二百余人，并掳掠屯田移民的耕牛，烧毁营屋，抢劫军粮，攻打城池。此外，打煎炉、长河西的少数民族首领亦依附月鲁帖木儿叛乱，整个"藏彝走廊"的南端再次陷入蒙古人之手。朱元璋命蓝玉帅军讨伐，以都督聂纬、徐司马及四川都指挥使瞿能为副；五月，瞿能等进军至柏兴州，月鲁帖木儿派人诈降，瞿能遂收兵，月鲁帖木儿趁机逃遁，明军追之不及；七月，在明军的追击下，月鲁帖木儿再次遁入柏兴州。十一月，蓝玉率兵至柏兴州，派遣百户毛海施计诱捕月鲁帖木儿及其子胖伯，安抚其众，并械送月鲁帖木儿到南京，按律伏诛。洪武二十九年（公元1396年），担任威龙州土知州的月鲁帖木儿妻兄普习再次发动叛乱，被明军击败。洪武三十一年（公元1398年），明军在柏兴州卜木瓦寨擒获追随月鲁帖木儿叛乱的磨些土酋贾哈喇，送京伏诛。至此，月鲁帖木儿所发动的叛乱结束。随后，明朝改建昌路为建昌卫，置军民指挥使司，以安氏世袭指挥使，指挥使司下辖四十八马站，大头土番、僰人子、白夷、磨些、作洛鹿、保罗、鞑靼、回纥诸少数民族，散居于山谷间，居住在北至大渡，南至金沙江，东抵乌蒙，西达盐井，方圆千余里的广大区域，这就进一步加大了对"藏彝走廊"地区的控制力度，积极防范蒙番势力再度染指云南。

　　所以，明朝也十分担心该地的蒙古势力与"藏彝走廊"其他少数族类联合威胁其统治，因此，进行了积极的关注，如《明史》卷311《四川土司列传·建昌卫》就记载，在与月鲁帖木儿进行战争之时，朱元璋就敕谕负责征讨事宜的蓝玉说："月鲁帖木儿相信其逆党达达、杨把事等的谣言，或派遣他们前来军前投降，或亲自来窥我虚实，不可不密为防备。而柏兴州贾哈喇境内的么些等部，更需特别留意。"已经开始注重在该地设防。而在北部边疆，则设置了"九边"防御体系，屯驻大量的军队，令诸皇子驻镇，防止蒙古势力南下。所以，正是云南处于明朝整体战略中的重要位置，才决定了朱元璋派大军征滇并留重臣沐英驻滇，苦心经营云南。

其次，明初，面对麓川势力的侵扰，西南边疆形势异常严峻。面对咄咄逼人的麓川势力，朱元璋也必须以重臣驻镇云南，方能弹压边境割据势力，维护国家统一和西南边疆稳定。

"麓川"，又名"白夷"，自秦汉以来就与中央王朝有着密切关系；汉晋时期进入中央王朝的版图，成为永昌郡的辖地；唐宋时期处于云南地方民族政权南诏、大理的管辖范围，傣族的先民金齿、白夷与蒲等诸族共居于此地，社会经济得到较大发展；元朝承袭南诏、大理的统治，仍在该地设治经营，直至元末。元顺帝至正初年以后，麓川路宣抚司思可法势力勃兴，核心地区就在今天云南德宏傣族景颇族自治州的陇川县、瑞丽市等地，并开始扩张势力，数次侵扰邻境，元朝政府曾几度出兵讨伐，均无果而还。思可法因担心朝廷继续出兵征讨，趁机遣使求和，故此后元朝对麓川思氏侵扰邻境之事置之不问。由于元朝征缅战争，麓川在西南边疆地区的军事、交通、政治、外交等方面重要的战略地位充分凸显出来，成为元朝统治者重点经略地区，元朝设治"金齿等处宣抚司"和六路一赕进行管理，并建立起完善的行政区划和军政合一统治制度。元朝征缅战争结束后，元军撤回，元朝的政治、军事控制减弱，加上云南内部元、段"分域构隙"等因素的干扰，麓川思可法势力趁隙兴起、迅速壮大并向周围扩张，几乎控制整个金齿区域的各部落，成为前所未有的强大部族，甚至企图建立统治金齿区域的独立王国。而思可法则在以后数十年间，仍不断侵吞邻境诸路，《滇考》卷下《征麓川》记载"麓川之强始此"。在麓川势力扩张和胁迫下，西南边地土司纷纷投靠之，明朝面临着西南边疆完全失控的局面。

洪武十四年（公元1381年），明朝平定云南不久，即面临着麓川势力扩张侵扰和西南边疆可能发生分裂的严重局面。在麓川称兵扰边、扩张分裂之势昭然若揭、国家安全受到严重威胁的关键时刻，明太祖朱元璋高度重视。据《明史纪事本末》卷12《太祖平滇》记载，早在进军云南之前，朱元璋就做了充分准备，详细了解了云南的山川地形，亲自制定了进军战略，可见，明朝统治者对麓川势力之扩张已有了解。张紞的《云南机务钞黄》也记载，洪武十六年（公元1383年）六月，朱元璋又派遣官员询问云南当地的老人，从老人口中得知麓川思可法势力强盛，元末因云南梁王与大理不和，思可法又侵占楚雄西南边远干（在今云南镇沅）、威远（在今云南景谷）二府，梁王没有力量恢复，至今仍为思可法所强占。从中可以看出朱元璋已经明了西南边疆局势的复杂性，了解到阻挠明朝统一云南的势力除元宗室后裔梁王势力和大理段氏势力外，还有借元明政权交替之际势力迅速膨胀的麓川思可法，是明朝"不可不备"的强大的割据势力，是构成明朝西南疆域的重大威胁。因此，从洪武十八年（公元1385年）开始到正统十三年（公元1448年），为扼制和殄灭麓川势力，明朝至少发动了五次大规模的军事征讨，包括"三征麓川"，大小战事不计其数，累计调兵上百万，才取得了维护国家统一和西南边疆稳定的初步胜利。因此，明初，面对咄咄逼人的麓川势力，朱元璋也必须以重臣驻镇云南，方能弹压边境割据势力，维护国家统一和西南边疆稳定。

再次，云南镇守权兼军政，威势赫赫。明镇守云南总兵官，挂征南将军印。洪武十六年（公元1383年）设置，以黔国公领之，同时兼辖卫所土司兵。即沐英充总兵官镇守云南期间，数次出征，享有调集卫所土汉军马之权。洪武二十一年（公元1388年），明太祖朱元璋还曾谕令普定侯陈桓、靖宁侯叶升等说，假若他们驻军的卫所遇有紧急情况，当立刻遣人奏报西平侯沐英。即沐英可以统领云南全省军事力量，在特殊情况下，还可以调动四川、建昌、贵州三都司的军马，以备缓急之用。同时，沐英还拥有参与或干预布政使司的行政特权。因此，一旦云南镇守者产生不臣之心，后果将不堪设想。所以，明朝皇室必须选择一个值得信赖的臣子充任镇守一职。对于生性多疑的明太祖朱元璋来说，在征讨云南一役中担任右副将军的沐英，无疑是最好的人选。其在入滇之前就参与了明王朝的东征西讨，并屡立战功，在征滇之前就被封西平侯，进号开国辅运推诚宣力武臣勋柱国，食禄二千五百石，赐铁券。《皇明泳化类编》认为沐英与朱元璋有父子之情，被赐朱姓，其把朱元璋及孝慈马皇后视为自己的亲生父母，朱元璋对沐英也是恩重如山，有时甚至胜过自己的亲生子女。除了朱元璋之外，马皇后也对沐英偏爱有加，《明太祖实录》卷147，洪武十五年八月丙戌条记载说：马皇后最初与朱元璋未育有子嗣，她乃全力抚育朱元璋兄长之子朱文正、姐姐的儿子李文忠及沐英等人，对这几个孩子就像自己亲生的一样宠爱。其后朱元璋及马皇后有了自己的子女后，仍然对沐英等宠爱有加，一直没有改变。她还经常对太祖说："沐英必将成为我朱明皇朝的顶梁重臣，我们的孩子也需要他的辅助。"不仅如此，作为太祖的养子，沐英和懿文太子朱标也有相当深厚的情谊。据康熙《云南府志》卷5《沿革志》记载，洪武二十五年（公元1392年），沐英在云南听到与其一同长大的懿文太子逝世的消息后，因与懿文太子有兄长之谊，沐英痛哭流涕，情至伤心之时，呕血不止，一日之后方有好转，强打精神坐堂处理公务，因伤心至极，突然中风而亡。因此，众多史籍记载沐英之所以在壮年之时突然中风而卒全是因为哭懿文太子之亡也。可见正是沐英和明朝皇室的亲密关系，使沐英得到了太祖的极大信任。而这种亲密的关系，也可以随着世系的延续而向下传递。明朝皇帝任命沐英镇守云南，就有把云南当作拱卫中央的藩屏之意。据《明太祖实录》洪武二十五年冬十月乙丑条记载，太祖在追封沐英为黔宁昭靖王的诏书中，就有"我希望我们的子孙后代能够休戚与共，共享富贵，以保全我对你沐氏家族的始终相遇之恩"

的话语。从之后沐氏家族镇滇的历史来看，也确实达成了朱元璋的愿望。所以，辛法春在《明沐氏与云南之开发》中总结说："明西平侯沐英留镇云南，是明太祖云南政策之一。因为明太祖需要有才干的人代他镇守西南边徼、招安蛮夷、开发建设，沐英既在云南建功拓土、雄武有才、恭谨谦顺，又是太祖的养子，孝慈马皇后自幼抚之、数称其才，太祖器重之并引为心腹，故而益加任之专、信之笃,这应该是沐英及其后裔得以十四世留镇云南的原因。自后沐氏威权日盛，尊拟亲王，遂以一方藩镇居于中央与地方之联系地位。"总结得可谓精辟。

镇滇后的战事

明军平定云南之后，怎样使云南保持长期稳定，不致再出现诸如大理之类的独立政权，这是明王朝平定云南后首先必须面对的问题。朱元璋在谕令傅友德、蓝玉、沐英等人的诏书中就指出了明朝的治滇策略。朱元璋说："我纵览云南历史，云南各少数民族叛复不常，原因就是他们自恃地理位置险要，远离中原，中央王朝对其鞭长莫及。因此，这些少数民族好勇斗狠，民风彪悍。要想稳定云南，就必须驯服他们，而驯服的办法，必须宽猛适宜，掌握一定的度。这一度如何掌握，想必将军能够妥帖掌控，不必我在此多言。但我还是不能不以云南历史上重大事件告知将军：在汉武帝时，中央王朝开始经营西南夷，并在云南设置郡县。西汉和东汉之时，西南夷反叛十次。光武帝时，益州郡少数民族反叛，将军刘尚出兵益州郡，取道越嶲郡，分兵各个击破后，把他们的家属迁徙到成都。三国蜀汉之时，诸葛亮为稳定后方，专心北伐，乃出兵讨平其地，安抚其地的大姓部曲，征收他们的金银牛马作为军饷。诸葛亮镇抚南中的成功，解除了蜀汉的后顾之忧，并从中得到了大量人力和物力的支持，使他可以专心对付曹魏。而终诸葛亮之世南中不再复反。诸葛亮死后，南中四次反叛，张嶷出兵讨平后，即将回师，兴古郡的少数民族再次反叛，张嶷回兵征讨，其地才归于平静。唐太宗时，云南处于半独立的状态，至唐高宗时云南才开始朝觐入贡，唐朝给予了他们极高的待遇，但反而遭到云南的怠慢。唐朝前后九次出兵征讨，但屡战屡败，有唐一代始终不能驾驭云南。宋末元初，因元朝正面进攻南宋受阻，实施'斡腹之举'的策略，元世祖朱元璋亲率大军进军跨革囊渡金沙江，一举而定云南，并令亲王镇守。元朝一百多年间，云南前后七次叛乱。我在此不厌其烦地列举云南列朝反叛的历史，目的是让将军要熟悉云南各种情况，审慎对待。现在处理云南事务的唯一方法就是'非为制其不叛，重在使其无叛尔'。"

朱元璋在给傅友德等三将军的诏书中，简要回顾了自汉朝以来中原王朝统一云南的成败得失后指出，统一云南的方针，在于"非为制其不叛，重在使其无叛尔"。即武力并不能解决一切问题，施政者必须抚剿并用，恩威兼施，才能缓和尖锐的民族矛盾，守云南一方安宁。沐英也肩负起了这个重担，修文讲武，扶绥夷汉，逐渐在当地各族人民心中树立了强大的威信，为安抚大明王朝的西南边陲立下了汗马功劳。林超民教授在《统一的必要——明王朝统一云南的经验与教训》一文中认为，这一原则，也是朱元璋为明王朝统一、经营云南制定的基本原则。明王朝在云南采取的许多巩固云南的措施无不围绕这一原则，而沐英镇滇后的主要战事也紧紧围绕这一原则。

由于云南是地处边远的多民族聚居区，民族关系复杂、经济落后、交通不便，各地之间的发展极不平衡，与内地存在着巨大差异；而明王朝的势力刚刚进入，统治相当薄弱，其所征服之地叛服不定，尤其是元代设置土司之地，往往大军一走，当地的土酋就会聚众反抗。明王朝当时已经意识到如若不把土司安定下来的话，已建立起来的府、州、县等各级行政机构，根本无法进行统治，加之滇川黔交界地区的土司叛复无常，视中央王朝势力的盛衰相机而动，假如不对他们的叛乱给予坚决平定，西南亦无法安定。傅友德、蓝玉率征南大军主力返回内地后，明朝以沐英所率9万将士留镇云南，试图以此确保统一云南的胜利成果，稳定云南局势。然而，如此强大的军事力量仍不足以全面控制云南局势，云南形势日趋紧张和复杂。各地各民族的反抗仍此起彼伏，仅据《明太祖洪武实录》记载，洪武十六年至洪武十九年（公元1383~1386年）短短三年间，发生在滇中、滇东、滇西北和滇西等地的各民族较大的反抗近十次，小的叛乱更不计其数。与云南相邻的四川、贵州等省也发生了各种叛乱。沐英只有分情形，力争以安抚、威抚之法，尽量达到"使其无叛"的目的。

洪武十六年（公元1383年），姚安土官自久在寨子山扎营为乱，声势浩大，远近响应，攻占姚安府所属的姚州城治所，杀知州田本。洪武十七年（公元1384年），其势力已西至祥云品甸，东达定远。沐英举荐土官高保为姚安府同知，高惠为姚州同知，合其土兵追击自久，在白盐井击败自久，姚安之乱自此平定。

越州土酋阿资之乱。这是明初云南规模较大的一次土司武装叛乱，其规模和影响仅次于麓川思氏之乱。

征南大军在曲靖白石江之役后，进驻曲靖，曾在越州汤池山招降了越州土知州龙海、阿资父子，并让龙海继任土知州。龙海后因反叛，为沐英所擒，朝廷从宽发落，将其发配至辽东，途中病死。为安抚其余众，仍令其子阿资继任越州土知州。但阿资因其父之死，一直对明政府耿耿于怀，伺机反叛。

洪武二十一年（公元1388年）九月，越州土酋阿资在广西府阿赤部酋长者满、矣清的引诱下发动叛乱。一时间，陆梁、曲靖、平彝等地皆被其控制。朱元璋命总兵官、西平侯沐英会征南将军颍国公傅友德率军进讨。十二月，阿资等率众进围普安，烧普安府治，大肆剽掠。沐英遣都督宁正从傅友德与阿资大战于越州，大败阿资土军，从悬崖峭壁处坠落死亡者不可计数，由此叛众四散，明军生擒

1300余人。阿资逃还越州。《明史纪事本末》记载阿资虽损兵折将，但他不仅没有就此投降，反而扬言：明朝兵强马壮，虽有万军之勇，但我们窟居山林，也有万山之险，朝廷岂能把我们全部赶杀殆尽。即阿资企图利用其险要的地势，继续与中央政府相抗衡。二月，沐英复遣都督宁正随傅友德进攻阿资的老巢——越州，大败其众，斩火头弄宗等50余人，获马匹、牛羊数千计，阿资势穷力单，走投无路，被迫与其母一同归降。此次阿资之乱平定后，傅友德率师回京，沐英则在该地扼要处设置越州、马隆两卫所，以资弹压。

洪武二十四年（公元1391年），沐英鉴于阿资部落叛复无常，乃请求把越州卫迁移到陆梁，并屯田镇守，试图加强对阿资的进一步控制。但同年四月，阿资再次兴兵反叛。据《国朝献征录》卷5《黔国公沐英传》记载，沐英召集将士讨论如何处理该事件时说：云南地方方圆数千里，万山险阻，族类众多，但仰仗朝廷威仪，金齿、百夷、车里、平缅、么些、和泥及各种罗罗、蛮、獠等族类均悉归降。仅阿资依仗险要地势屡次叛乱，假若不一举剿平其巢穴，给予其毁灭性打击，虽然是弹丸之地，也终将梗我王化。沐英决心着重对其实施"威"服。乃下令简选士卒，决定亲自统兵出征。不久，沐英就进兵至补冲，麾兵击之，将阿资部众斩杀殆尽，只有阿资一人逃脱。正当沐英四处搜捕其余党之时，忽有诏至，令沐英还镇省城，代以金都督何福为平羌将军统领其兵。随后，阿资再次遣使乞降。

为了"使其无叛",尽量避免战争,使无辜百姓少受战争之苦,同时也从缓和民族矛盾、促进民族和解的角度出发,沐英决定重在安抚,再次为之奏请朝廷并被获准罢兵,使得阿资得以保全身家,越州百姓也免遭战乱之苦。但阿资并非真心悔罪归顺,遣使乞降只不过是他的缓兵之计。洪武二十八年(公元1395年)正月,阿资再次发动叛乱,危害越州之民。此时,沐英已死,其子西平侯沐春及平羌将军何福再次出兵,擒斩阿资。

此外,沐英镇守云南期间,还平定了曲靖军民府亦佐县土酋安伯、广南府特磨道的叛乱;威服曲靖军民府阿赤部酋长者满、矣清的叛乱;镇压临安府教化三部长官司的反明叛乱;平息顺宁府少数民族头领争袭;镇压贵州普定少数民族的反明起事;平定贵州普安军民指挥司百夫长密即、尾洒驿丞余成及试百户杨世杰等叛乱;勘定四川东川诸部土酋叛乱等。

洪武十七年(公元1384年),曲靖军民府亦佐县土酋安伯发动叛乱,沐英率兵直抵其境,安伯为沐英之兵威所服,不久便主动出降,并请"罢兵以抚辑其民"。同年,广南府特磨道土官侬朗金不服差遣,发动叛乱,阻断了云南与广西田州府之间的运粮通道。为此,沐英与指挥丁忠前往平叛,兵至城下,沐英按兵不动,遣人晓以祸福,力图招抚,使已逃至富宁的侬朗金归顺。次年,侬朗金还亲赴京朝觐,受到朝廷的奖赏。在此期间,沐英曾发兵讨平贵州"蛮寇",并于十二月间将其地平定。原属云南但在沐英镇滇之初就划归四川的东川一带，由于地处滇川黔交界地区，一直对明朝的统治心怀疑贰，当云南麓川思伦发叛乱初起之时，东川等地土酋利用明朝兵力主要集中于滇西之际，其地守备空虚，且暗中与思伦发勾结，遥相呼应，群起作叛。后因沐英迅速出兵滇西，于定边大败麓川思伦发之兵，东川乃慑于沐英军威，未敢轻举妄动。数月后，东川诸部土酋对定边之役的恐惧感逐渐消失，又结寨叛乱。沐英奏请朝廷发兵讨之。洪武二十一年（公元1388年）六月，朱元璋诏令颍川侯傅友德为征南将军，沐英为左副将军、普定侯陈桓为右副将军，统领马步官军讨之。八月，都督宁正帅兵会同傅友德往讨。九月，乌撒军民府土酋叶原长主动献马三百匹、米四百石于沐英军中，并表示愿意召集所部士兵从征。沐英为之奏请朝廷，明太祖诏令许之。十月，东川平定，俘其叛众5385人。洪武二十一年，广西府阿赤部酋长者满、矣清受越州阿资的蛊惑发动叛乱，杀知府普德，并乘明军征东川之际，兵至离省城仅百余里的宜良县。因沐英的军队正处于从东川班师之际，乃命令以都督汤昭率兵往征，并告诫其只需防御，勿与之为战，等候东川班师的军队。但汤昭部将高彬见叛军逼近防御阵地，竟违反军令，私自率部出击。起初，叛军虽被击溃，但后见只有高彬一军孤军深入，便回军再战，并将高彬军团团包围。明军拼死突围而出，但又为南盘江所阻，只有少数从浮桥逃生，其余皆被淹死。明军大败的消息传至省城，"云南大恐"，虽增派了援兵，但因兵力甚微，只能协助防御。就在这紧急关头，沐英率征东川军队回防，乃亲自前往征讨，叛军顷刻间土崩瓦解，沐英诛杀者满、矣清等，俘获男女5000余人，牛马不计其数。洪武二十三年（公元1390年），临安府教化三部长官司拒绝纳贡，由此发动叛乱。九月，沐英遣临安卫指挥王执将其平定。洪武二十四年（公元1391年），顺宁府满蛮猛吾、马弑因争袭土司职位，争斗中伤及当地明朝官军，沐英调都指挥俞辅兴师问罪，猛吾、马弑"咸向服"，事件得到和平解决。洪武二十三年（公元1390年）八月，因贵州普安军民指挥司百户长密即"杀屯田官军刘海"、尾洒驿丞余成及试百户杨世杰"劫夺驿马、焚馆舍"发动叛乱，沐英调贵州都指挥张泰率兵讨之。初战于盘江木窄关等处，因其地山高箐密，明军失利。沐英又增调乌撒、毕节、永宁三卫官军，委贵州都指挥蒋文统领前往剿捕。十月，明军大获全胜，俘虏二千余人，获马、牛数千匹，得粮四万斛。

总之，在洪武十六年（公元1383年）三月至洪武二十五年（公元1392年）六月沐英奉诏镇守云南的九年多时间里，大大小小的战役，总计有二十六次。每次战役，沐英总是按照朱元璋制定的"宽猛适宜""威德兼施"的治理边疆民族地区的政策，正确贯彻执行各项治滇措施，通过安抚和征剿双管齐下的手段，抚剿并用，恩威兼施，修文讲武，扶绥夷汉，如麓川、滇东越州阿资之叛，滇西金齿，以及普安、广西、广南的叛乱，沐英全力征讨，以兵威服。对降服者，着重施"恩"，对各级元朝降官，给予妥善安排。如哈剌不花原是元守御陆凉千户，先调任曲靖千户，后明朝置陆凉卫指挥使司，沐英即奏调哈剌不花回陆凉镇守。对各族归顺少数民族首领，就地"顺而抚之"，"使任本州知州等官"。此后，普定、乌蒙、乌撒、东川、芒部、建昌等地土司，都相继朝京师，贡方物，送子弟入国学，大大密切了云南与内地的联系。这些皆是促使云南局势迅速稳定的有力措施。沐英逐渐在当地各族人民心中树立了强大的威信，迅速稳定了云南的局势，达到了"使其无叛"的预期目标，即《康熙云南府志》卷14《封建志》中所说的，云南的各少数民族稍有叛乱的态势，沐英必出奇制胜，把他们消灭在萌芽状态。不久，沐英之声望威震四方，各少数民族首领争相纳贡称臣。沐英虽然连年用兵，但并不是穷兵黩武。他招抚提携各少数民族首领，敬贤纳士，毫不吝啬地给予各少数民族首领以官职及物品。徐纮的《明名臣琬琰录》卷3《黔宁昭靖王祠堂碑》中记载了时人如此评价沐英在云南的施政方针：虽然沐英连年用兵，但对云南人民却始终如初春的太阳呵护着他们，使百姓如沐春雨，如坐春堂。他不但使"南中悉定"，维护了大明王朝的大一统，又使云南步入正轨，"百务俱举"，促进了云南社会的深刻变化，为安抚大明王朝的西南边陲立下了汗马功劳。

麓川之役

沐英镇滇期间，指挥的最大一次平叛行动当数平定麓川思氏的叛乱。沐英镇滇之初，就面临着麓川势力扩张侵扰和西南边疆可能随时发生分裂的严重局面；在麓川势力扩张和胁迫下，西南边地土司纷纷投靠他，明朝面临着西南边疆完全失控的局面。此次平叛，弹压了边境割据势力，维护了国家统一和西南边疆稳定。

明朝官兵入滇之初，故元麓川路土官宣抚、思氏家族族长思瓦法，"负固不服"。洪武十五年（公元1382年），思瓦法部下头目刀斯郎等谋杀思瓦法，另奉思瓦法之侄思伦法为主。洪武十六年（公元1383年），思伦法为阻止明朝官兵南下，出兵攻陷永昌府，屠其城，并掳走了明指挥使王真。沐英得报后，为了不激化云南故有的民族矛盾，不久便派人前往麓川，晓之以向背祸福等。为了免遭明朝官兵讨伐，思伦法表面同意归降，且释放了王真。明朝廷下令设"麓川宣慰司"，任命思伦法为土官宣慰使。洪武十七年（公元1384年）八月，思伦法遣使进贡，并献上元朝所授宣抚司印。为此，明朝廷又改"麓川宣慰司"为"麓川平缅军民宣慰使司"，从法律上承认了思氏对所侵平缅路的管辖权，但是麓川思氏仍然继续进行领土扩张，严重威胁云南边境的稳定。

其实，早在洪武十六年（公元1383年）六月，思伦法侵入永昌城后就引起了明太祖的注意，明太祖开始了解到，元朝末期，思氏政权就侵占麓川附近的其他土司领土，迫使这些土司依附，成为其势力范围。随后，思氏侵入楚雄之西南远干、威远两府，元朝不能制止其扩张。出于边防防卫的实际需要，明太祖认为不得不防备思伦法入侵云南，他下诏征南大军对平缅要高度警惕，《明实录·太祖洪武实录》记载洪武十六年六月，朱元璋遣使敕谕征南将军颖川侯傅友德、左副将军永昌侯蓝玉、右副将军西平侯沐英说："近来我通过询问熟知麓川情况的云南当地老人，得知麓川思可法强占之地，共有三十六路。在蒙元时，元朝已经在这些地方设官统治。其后，这些地方才为思可法所强占，现在已经四十年了。其后，思可法又继续侵占楚雄的西南远干、威远二府，梁王因没有力量收复，现在已为思可法所有。以此观之，云南不可不预为防备思可法的进一步的侵扰。此为机密的边疆大事，你们应该慎重对待，假若思可法不足为虑的话，征南大军可以撤回了。"但事实上思可法侵占领土之心一直未息。所以，洪武十七年（公元1384年），根据朱元璋的命令，明政府将南京等地被认为是"不才之人""奸儒猾吏""累犯不悛之徒"的以及谪戍军官等共万余人充配永昌。洪武十八年（公元1385年），又重立金齿卫，同时明军大置屯田，自楚雄至景东，每百里设置一营，率兵屯种，加强对麓川的防备，并开始着手准备武力平定麓川平缅思氏政权。

景东之役

洪武十八年（公元1385年），思伦法举兵反叛，入寇景东府。思伦法率兵十余万攻景东府之者吉寨，来势凶猛。由于其经过了精心准备，又是突然进犯，虽然景东府土知府俄陶率领2万余人进行反击，但还是被思伦法军队大败，逃奔大理白崖川。明朝镇守景东的都督冯诚率师阻击，但是正逢漫天大雾，冯诚军队失利，千户王升死于战斗之中，景东被思伦法占领。明军经过一段时间的休整后，不久就收复了景东。

经过思伦法自洪武十八年（公元1385年）大举进兵，明太祖对思伦法扩张领土、与中央王朝对抗本质的认识更加明确。洪武二十年（公元1387年）四月，朱元璋遣使警告西平侯沐英说："虽然洪武十八年十二月，你所率领的军队在景东打败了思伦法，遏制了其扩张的野心，但是，思伦法本性顽犷，而且并未引咎乞降，他必定再次出兵侵扰，定边将是思伦法的下一个目标。由于定边距云南府地较远，明朝军队从云南府行军到定边，慢行则需一个月时间，速行又不利于明军作战。所以，万全之计就是就地屯田，坚壁清野，与思伦法相持，等待大军四集，然后相机而动。作为镇守云南的总兵官，沐英你应该谨慎行事，务在持重，相机决胜，直捣思伦法大寨。若思伦法欲纳款请降，就接受其投降，但是必须命令麓川赔偿明军为平息其扩张所花掉的一切费用,并且进贡马15000匹、大象500头、役象之奴300人、牛3万头以补偿在景东战死的军士。如果思伦法能够如数入贡,你就即刻罢兵,不再出兵征讨伐思伦法了。"

  景东之役发生后,明朝虽然并没有马上进行反击,但朱元璋并非就此罢休,而是多管齐下,孤立包围思伦法。首先,其派使前往车里先行联络。在使者带去的谕文中,朱元璋认为麓川思伦法疯狂的侵略行为,已经吞其周边的很大一部分地区,已经波及车里地方了,现在麓川已经是车里的心腹大患了。朱元璋要求车里首领听从明政府的调遣,并与周边被麓川侵扰的少数民族首领通力合作。朱元璋答应如果车里出兵征讨思伦法,明朝可以恢复车里被思伦法侵夺的地方,使其地居民安居乐业。同时,朱元璋通过升车里军民府为军民宣慰司的办法进一步笼络车里,以便今后其为己所用。其次,当闻知俄陶败投大理后,朱元璋于洪武二十年(公元1387年)正月派出通政使司经历杨大用,持白金文绮往大理白崖川慰问俄陶,勉励其守土安边的行为,要求周边土司仿效俄陶。再次,遣李原名出使麓川,了解敌情。李原名出使麓川归来后,详细汇报了他的所见所闻,使得朱元璋进一步了解了麓川思伦法的实际情况,认识到思伦法等诡诈多端,虽然千言万语表示归顺明朝,但是无一语可信。李原名的侦查更使朱元璋认识到思伦法对邻近土司领土的觊觎已经构成了明朝的一大边防问题,因此,毅然决定要用武力平定麓川平缅。据《明实录·太祖洪武实录》的记载,洪武二十年(公元1387年)五月,朱元璋派遣使者敕谕西平侯沐英等说:"近来我所派遣的御使李原名自麓川地方打探情况回来,我听他陈述,知道思伦法诡诈的详细情况。思伦法对朝廷承诺的诸多事项,没有一件是可信的。由此观之,思伦法是死心塌地地要与朝廷为敌,其窥视周边土司领土的野心一直没有改变,势必将成为我们的心腹大患,对于西南边疆的稳定不利。你收到此封敕谕之日,务必昼夜加强金齿、楚雄、品甸等地的守备及疏通澜沧江的水道。城池务必城高壕深,排栅粗大。于每处城池配备火铳一两千支,或者数千支,总之是多多益善。云南有造火药地方,务必要星夜煎熬,以备守御之用。假若思伦法前来攻城,不要轻易出战,要有必胜的把握方能出战。前段时间云南平定之初,我们派去与麓川交涉的人员,今天看来,都是些贪财好利的小人,不知晓事情的轻重缓急,一概作威作福,贻笑诸夷,以致朝廷被他们连累,百姓被他们污辱。从今往后,不许派遣人员前往平缅,以静制动。他们送来公文,只做简单的答复;假若没有公文及使者到来,也无须与其计较;他们送来的东西,不许轻取。如此数年之后,麓川之地可入我版图了。你们要牢记我的叮嘱,不要轻易与他们交往,要不然反而受他们的怠慢。只要我们与其绝交,默然不动,他们就没有办法了。"

鉴于明麓矛盾升级,朱元璋还进行了新的军事部署。除已谪戍万人戍守永昌外,洪武二十年(公元1387年)

六月，朱元璋再派杨大用往元江等府招集土兵五万以备出征麓川。八月，朱元璋下令景川侯曹震及四川都司选派精兵二万五千人，给予军器及农具，前往云南品甸等地屯田戍守，为进一步征讨麓川做准备。九月，又选派湖广靖州、五开及辰、沅等卫所官军精锐四万五千人到云南听候调遣，并下令购买耕牛二万头给他们，在云南屯田驻守。十月，又调派陕西、山西将士五万六千余人前往赴云南听候调遣，同时，还征调了长沙府的护卫兵六千余人、陕西长兴侯耿炳文的军士三万二千人、河南祥符等十四卫的步兵及骑兵一万五千人前往云南。朱元璋之所以如此大规模地调兵遣将，目的就是为了彻底解决麓川问题。后来，由于思伦法不断扩大战火，沐英与思伦法发生了两次较大规模的武装战役，分别为摩沙勒寨之役和定边之役。

摩沙勒寨和定边之役

景东之役后，明军又针对麓川进行了两次大规模的战役，一为摩沙勒寨之役。洪武二十一年（公元1388年）正月，思任发的夷兵侵犯永昌军民府马龙他郎甸的摩沙勒寨。镇守云南的西平侯沐英派遣都督宁正出击，大破思伦法夷军，斩首1500人。

洪武二十一年（公元1388年）三月，不甘心失败的思任发，再次纠集力量，以兵30万、大象100头的庞大军队，突然向明朝军队守卫的定边（今南涧县）发起进攻，试图挽回摩沙勒之役失败后的局面。明平西侯沐英得到边报，立即挑选了1500骑兵，从昆明奔赴定边与象军交战，由此开始了中国军事史上著名热火器与大象之间的激战。

沐英认为思任发愤兵必败，于是挑选3万骁勇之士昼夜兼行。先以300人在其军营前挑战，思任发的军队1万多人、30多只大象出战。云南前卫指挥张因，率骑兵50余人为前锋，众将士杀入思任发军营，斩首万余，他们乘胜而进，思任发败退。沐英认为此时应该一鼓作气，继续进发，彻底将思任发军队击溃，解定边之围。沐英了解到思任发部队所依赖的是象阵，既然骑兵与弩箭可以对付象阵，那么火铳与神机箭将更能发挥作用。明朝的神机营是中国和世界上最早建立的火器部队，担负着"内卫京师，外备征战"的重任，是朝廷直接指挥的战略机动部队。神机营全部配备并熟练运用火铳、"神机箭"等先进的热武器，于是，他下令将军中火铳、神机箭为三行列：当象阵到明军阵前，第一列铳、箭俱发；若象阵不退，则第二列继发铳、箭；象队再不退去，则第三列继之再发。之所以如此安排，是因为明初所使用的火铳是洪武火铳，这种火铳射程不远，且每次发射后都需要换黑火药和铅子，无法形成持续的杀伤力，发射火铳的士兵往往射完第一发子弹后就会被大象踩死，在二、三行发射时，第一列就可以从容换好火药和铅子，形成完备而持续的强大火力。

这种开创性的战术克服了当时火铳的局限性，三行轮流开火，没有丝毫停歇，足以形成强大的火力，给思伦发的象阵以极大的冲击。第二天，沐英将明军分为三队：都督冯程领前队，都督同知宁正领左队，汤昭领右队。据《明太祖洪武实录》洪武二十一年三月条记载，沐英号召众将士说："现在我们已经深入敌境，与之相持数日，我们胜则能生，败则必死。皇上待我们恩重如山，今天正是我们报答皇恩的时候，我们功成名就也在今日。我与大家约定，凡有功的人一定重赏，临阵退逃者杀无赦。"由此大大激励了明军士气。

两军交战之后，思任发用象阵冲击明军，明军按沐英的战术冲击象阵，火铳及神机箭的巨大轰鸣声使得大象股栗而逃，思伦发军溃退，明军乘胜追击，直捣其大寨，纵火焚烧其营寨，斩首3万多人，俘虏1万多人，生擒大象37只。

沐英发明的这种三列式的射击方法，经过明成祖朱棣的改进之后，成了明朝神机营的临阵射击之法，并用于对付机动性更强的蒙古骑兵部队。这样，就保证了可以对敌人连续不断地射击，形成了完备而持续的强大火力，使敌人没有丝毫喘息的机会。沐英发明的这种射击方法，足足领先世界200多年。

其后，沐英又对思任发溃军乘胜追击，思任发军队死伤过半，明军大胜。沐英还师昆明，途中所过城邑，百姓争相持牛酒到郊外劳师，说明平定麓川思氏之役，维护边疆稳定，是深得民心的。

思伦发被沐英的兵威所慑服，乃遣其把事、招纲等至云南朝见沐英，诉说以往叛逆之谋，实非自己所愿，乃其部下刀斯郎、刀斯养所怂恿，乞求明朝宽贷其罪，恢复输贡纳赋旧例。洪武二十二年（公元1389年）十一月，明太祖朱元璋派遣杨大用往谕思伦发，并且声明麓川平缅要归降，就必须答应朝廷的以下条件：第一，为了给镇守云南的诸将一个满意交代，思伦发必须赔偿云南官军的所有花费，以安军心；第二，思伦发必须以下臣的身份入贡；第三，思伦发必须追捕从云南逃到麓川平缅的叛贼，交给云南；第四，严惩刀斯郎等人。假若这些条件不答应的话，朝廷将再次大举进兵征讨，夷平其地。这也是洪武二十一年（公元1388年）朱元璋敕谕沐英时的条件。思伦发接受了明朝的条件，遂以大象、骏马、白金、方物等入贡谢罪，交回云南逃往麓川之人，斩杀刀斯郎等137人。这样，沐英平定了麓川平缅的扩张，麓川平缅依旧例向明朝纳贡称臣。

定远之役后，麓川思氏家族已经元气大伤，再也无力掀起大规模的反叛，与明朝政府相抗衡了。后人对沐英的定边之战也多有追思，如明代潘仁就以《定边回师》为题，写了一首长诗以志纪念，诗云：

雄誉超当代，奇勋迈昔贤。
画图麟阁上，环佩凤楼前。

受钺曾趋陛，平蛮久镇滇。
寸心悬日月，双鬓短风烟。
令肃霜威凛，机深斗运旋。
断蛟初试剑，落鹘夜鸣弦。
海岱烽初举，开山捷又传。
七擒功已大，六出计犹玄。
蝼蚁惊藏灭，貔貅喜胜还。
战袍明锦兽，归镫响琼鞭。
露湿松间旆，花迎柳外鞯。
卫容严虎豹，冠影动貂蝉。
德被华夷远，忠扶社稷坚。
笑谈挥羽扇，叱咤依龙泉。
颇牧宁同伍，萧张敢并肩。
箸筹黄石略，恩泽紫泥宣。
弓挂扶桑近，戈回玉垒偏。
挽河新洗甲，拓土旧开边。
仁信敷荒域，公勤入汗编。
愿言歌盛美，安得笔如椽。

诗中认为沐英定远之役的胜利，只有用如椽巨笔，才能够盛赞其重要意义。它使得云南广大地区免于遭受战火的蹂躏，也为正统年间彻底解决麓川思氏问题奠定了坚实的基础。

文经武纬　君无南顾

平定云南之后，怎样使云南保持长期稳定的局面，这是令明朝较为头疼的问题。云南的民族构成、社会现状、经济发展程度都与内地存在着巨大差异，而明王朝在云南的统治力量又相当薄弱，云南及其周围地区几乎都是当地民族的汪洋大海，往往是大军一过，当地少数民族土司的反抗便乘虚而起，此起彼伏。特别是在进入云南的两条交通干线所经地区，如普安、普定、乌撒、乌蒙、芒部等地，万山叠嶂，道路阻塞，土司势力十分强大，反抗甚为激烈，常常危及明王朝与云南交通要道的安全，大有阻断征南大军退路之虞。谈迁的《国榷》记载了朱元璋在给傅友德的信中就曾忧虑地说："你们统率大军南征云南，行军至普定等地，就像疾风吹过劲草一样，风行草偃，我担心等到疾风一过，草又立了起来。"所以，这些地方必须以10万军队乃可以驻守，否则云南虽然平定也难坚守。如前所言，洪武十五年（公元1382年）四月，平定云南之役尚未完成，交通沿线上已归顺的乌撒等地少数民族就群起反叛，沐英只得从滇中率军驰援，与傅友德合兵击之方才平定下来。当沐英增援傅友德之时，由于滇中空虚，昆明周围的少数民族又再次发动叛乱，杨苴纠聚众二十余万人马攻打省会，省城昆明危在旦夕，迫使沐英又火速从乌撒回军平叛。接着次年五月，云南普舍县燕海雅阴谋作乱；八月，姚安府土酋自久乱；洪武十七年（公元1384年），曲靖亦佐县土酋安伯叛。数十万征南大军疲于奔命，东征西讨，仍不能真正控制云南的核心地区，更不用说直接统治云南西部、西南部等元朝曾设土司的广大地区。此时，假若强行把与内地一致的统治方法完全照搬实施于云南，势必行不通。为了稳定云南的政局，加强中央集权的统治，还需根据云南不同区域的不同情况，因地制宜、因时制宜、因事制宜，采取不同的统治措施才能真正稳定云南。所以，沐英镇守云南之初，面对"内忧外攘，人流卒亡"的局面，平息叛乱，安抚夷汉，劝课农桑。《皇明通纪》记载，沐英于是精简官吏、简政惠民、剔除奸蠹、大兴学校、鼓励发展商业、通盐井之利，开垦土地102200亩，由此军民粮食充足。沐英恩威并施，教化大行，遂使云南成为一片乐土。太祖曾经发出"使我高枕而无南顾之忧的人正是你沐英"的感叹。正是由于沐英所采取的一系列扎实有效的政策和措施，才使云南从元末的混乱和萧条中恢复和发展起来，开创了云南历史上的新局面，为明朝在云南近三百年的统治打下了牢固的基础。

其实，早在大理之战后，沐英即开始致力于劝课农桑。在奉旨镇云南之后，面对战争过后云南人员逃亡在外、府库无一日储粮、对外运输粮饷通道又被截断的现实，沐英采取了一系列行之有效的措施，大力恢复和发展云南的社会经济，力求尽快缓解民困、安定人心、稳定政局、振兴云南。

健全各项统治措施

沐英镇滇后，因云南初入明朝版图，万事尚属草创阶段，所有制度尚未健全，为加强统治，保证云南与中原内地在政治上统一、整体上发展。《明太祖洪武实录》记载，洪武十五年（公元1382年）正月，朱元璋谕令沐英等说：现在既然已经平定了云南，必须设置云南都指挥使司统率全省军队；既然有土地人民，又必须设置布政使司及府、州、县统摄民政，分而治之。根据朱元璋的部署，洪武十五年二月，云南设置了云南布政使司、都指挥使司，管理云南的民政和军政事务。同时改元代的中庆路（今昆明）为云南府，作为布政使司的首府。闰二月，设置云南布政使司所属府、州、县，共设4州9县，分别为嵩明、昆阳、安宁、晋宁4州，昆阳、呈贡、宜良、富民、三泊、禄丰、易门、归化、罗茨9县。至洪武十五年三月，明王朝"更置云南布政司所属府州县"，设云南、大理、永昌、姚安、楚雄、武定、腾冲、普安、仁德、澄江、广西、元江、和泥、柔远、芒施、镇康、南甸、麓川、镇西、平缅、丽江、北胜、曲靖、乌撒、芒部、乌蒙、东川、建昌、德川、会川、柏兴、普定、云远、彻里、孟杰、木按、蒙怜、蒙莱、木朵、孟爱、通西、木来、木连、木邦、孟定、谋粘、蒙光、孟隆、孟绢、太公、孟庆、木兰等50余府，下辖州、县、千户所、蛮部等。为了进一步完善统治机构，洪武二十一年（公元1388年），刑部侍郎高铎等奏请定置云南官员、军、民犯罪处置律条，于洪武三十年（公元1397年）设置云南提刑按察司。至此，云南建立起与内地相同的完整的"三司"地方行政机构及府、州、县体系，分管行政、军事、刑法，互不统属，各自秉承朝廷意旨行使自己的职权，遇有大事，则共同会商处理。可见最初明朝对云南的统治继承了元代云南行省的统辖范围，在三司之下，整齐划一地设置府、州、县行政区划，实行与内地完全一致的中央集权统治。这些设置加强了对云南的行政管理，使权力更加集中于中央，解决了地方权力过大的问题，将云南纳入全国统一的政治轨道，建立起统一、有序、严密的政治体系，便于政令的上传下达，提高了行政效率。

设卫屯戍移民

首先设置卫所。卫所制度是明朝军事体系的核心。《明史·兵志》称：本朝以武力平定天下，革除元朝旧制，自京师南京以至各府州县，都设立了卫所。京师之外以都指挥使司统领，京师之内以五军都督府统领。吴晗在《明代的军兵》中指出：明初定都南京，集全国卫军精锐于京师，京军总数不下八十万。其他卫所则分设于全国各地，特别是军事要冲，也正如《明史》卷90《兵志·卫所》所说，天下业已平定，选择军事要冲，每一府设立所，几府相连之地设卫。大概5600人设一卫，1120人设一所，

120人设一百户所。

在平定云南后，朱元璋制定了既然已经平定了云南，就必须留兵戍守的策略，并做了周密安排：首先，在云南增加留守兵力数量，主要以京师卫所的精锐镇戍；其次，集中兵力，于要害之处及交通沿线实行重兵防守，以便控制局势，保障进入云南交通线的畅达。这也正是张紞在《云南机务钞黄》中记载朱元璋给出征云南前征南三将军的诏谕中所说的："以我的预测，云南用重兵攻下后，我们只是重兵驻守云南、大理、楚雄、临安、曲靖、普安等重要的军事守御卫所，其余如东川、芒部、乌蒙、乌撒等少数民族聚居区，只是驻守少量兵力，其他地方毋需驻军。如此一来，入滇道路可以畅通无阻，交通沿线都是我们的卫所，一旦生有事端，可以联合各卫所军队一同剿捕。假若云南各处都分兵驻守的话，一些地方深入崇山峻岭，一旦当地少数民族发生叛乱，道路顷刻间被阻断，则我们的粮饷运输、军队支援都不是很方便，大局就不好控制了。"

由此，云南卫所的设置便伴随着征南大军在云南的军事征讨进程，在滇中腹地及交通沿线，由沐英直接指挥，有顺序地建置起来。其实，洪武十五年（公元1382年）初，征南大军攻下昆明后，即于当年正月，设置了云南左、右、前、后、普定、黄平、建昌、东川、乌撒、普安、水西、乌蒙、芒部、尾洒等14卫指挥使司。同月庚戌，在攻克临安之后，元守将兀卜台、完者都及土酋杨政等降，乃命宣德侯金朝兴驻兵临安，革除元朝临安宣慰司，设置临安府及临安卫指挥使司。同年闰二月甲午，置楚雄卫指挥使司，以羽林右卫同知袁义为指挥使，以京军精锐的羽林右卫驻守。同月己亥，改曲靖千户所为曲靖军民指挥使司。同年三月，平定大理，丙辰，置大理卫指挥使司。洪武十七年（公元1384年）七月，改云南沾益卫为千户所，洪武十八年（公元1385年）二月，置金齿卫指挥使司等。洪武十九年（公元1386年）四月，设置了云南洱海卫指挥使司并左、右、中、前、后五个千户所，以赖镇为指挥佥事。

此外，史籍中还载有沐英镇守云南期间直接奏请设置卫所情况，主要有：

洪武二十二年（公元1389年）正月，因曲靖阿资负隅顽抗，沐英在平定其叛乱后奏请于其要冲之地越州、马隆二处设置卫所，驻兵防守，目的是控制其冲要之地，以限制其出入。

洪武二十三年（公元1390年）二月，因沐英建议，朝廷下诏设置陆凉卫指挥使司。十一月，沐英又奏称：景东府靠近麓川，为百夷出入的要害之区，蒙化州所辖的当地少数民族也时有叛乱发生，有梗王化。他建议在这两个地方设置卫所，朝廷也同意设置景东、蒙化二卫，以便进一步控驭。十二月，沐英又奏请说永昌府的汉族居民较少，应该把永昌府及永昌卫合并设置永昌军民指挥使司，朝廷于是下令撤销永昌府，改金齿卫为军民指挥使司。

洪武二十四年（公元1391年）三月，沐英又建言：

临安、大理二卫及金齿军民指挥使，应该在金齿军民指挥使司下置永平千户所，临安卫下置通海千户所，大理卫下置鹤庆千户所，每所本应置百户十人。今每所应驻军士二千，应置百户二十人。明太祖朱元璋采纳沐英的建议，令永平、通海、鹤庆一律设卫，调拨临安等卫军兵以补其不足之数。

可见，沐英在云南各地都遍设了卫所，并优化了卫所布局。据方国瑜先生的《云南郡县两千年》统计，沐英征滇和镇滇期间，共设17卫和100余个千户所。卫所制度的建立不但加强了明朝统治者对云南的军事控制，而且稳定了西南边陲。

大兵屯戍

沐英镇滇后，征南大军大部分返回南京，虽有9万将士留镇云南，但仍不足以全面控驭局势，弹压反抗势力。云南各地的少数民族反明叛乱此起彼伏，迫使沐英连年率军征讨，疲于奔命。特别是洪武十八年（公元1385年）十二月，麓川平缅宣慰使思伦发反叛，率百夷之众十余万入寇景东，进逼楚雄，云南西部岌岌可危，分裂因素急剧增长。此外，进军云南之前，设置贵州行省并在该地屯田，以备云南军粮，借此以通粮道，此后，接济云南的粮饷基本上依靠此条道路入滇。但由于滇、黔位于中国之西南边陲，该地区山高林密，地理环境险恶，尽是连绵起伏的高山峻岭,道路崎岖,没有一日路程的坦途;水道多是在峡谷中穿行,无舟行百里的水道。西南地区的重心在云南,贵州只是朝廷为了联系云南而打通的通道,正如乾隆《贵州通志》所言,贵州远在天末,为连接湖南与云南的交通要道,也是中央王朝通往云南的交通孔道,道路羊肠一线,崎岖难行,但道路上驿传人员络绎不绝。倪蜕在《滇云历年传》中也指出,自元明以来,通往云南的道路主要以贵州一路为首选。其实,明代在贵州设省,正如顾祖禹在《读史方舆纪要·云南方舆纪要》中所言,其目的就是为了"开一线以通云南",即为通云南,乃取道贵州,设置驿站于普定、普安之间,从此借贵州一线之路以通往来。但云南及贵州的特殊地理位置及其交通状况不容政府实行大批量地从内地运输军用物资,这样就严重困扰留镇大军,威胁着明朝在云南的统治。明军出现了缺粮的严重局面,还经常出现"逃军"的情况。沐英遵太祖朱元璋的指令,采取"打粮"的措施,即:命令各处守城寨官军若无粮可食之时不用守城守寨,可以聚众而出,攻击有粮的少数民族村寨,武力夺取粮食。这一措施虽暂时缓解了部分粮食缺乏问题,但却激化了明军与当地少数民族之间的矛盾,终归不是长久之计。所以,在当时来讲,实施屯田仍旧是一个切实可行的好办法。再者,当时明朝廷也担心如果对刚征服不久且穷困已极的云南百姓征收过重的赋税,势必更加激化当时云南本已相当尖锐的社会矛盾,以致云南的局势更加不可收拾,如此对云南明朝驻军,乃至整个西南地区的统治都极为不利。还有，当时的云南在经历了长年的战火以后，地广人稀，明朝官兵有地可屯。正是这些原因，明王朝不得不再次调整对云南的镇戍方略，大力开展屯田，以图边疆稳定，云南奠安。

首先是军屯。据《明太祖洪武实录》卷179洪武十九年九月庚申条记载，西平侯沐英奏称云南土地广袤，但因经过战乱荒芜甚多，很适合屯田，应该令军士开垦屯田以备军粮存储。朱元璋对沐英的建议非常赞赏，在给户部的敕谕中说，屯田的政策可以使驻滇明军能够自给自足，从而减轻人民负担、巩固西南边防。朱元璋在给户部的敕谕中还说，西汉赵充国在金城屯田使得军粮储备充足，西汉一代享其利近百年，其后凡得天下者都大力提倡这一项制度并一直沿袭下来。他认为沐英可谓为云南的稳定尽心尽力，有古人之风，户部应该按其所奏，准其在云南屯种；但又认为云南地方田地荒废已久，开垦屯种较为困难，应该暂缓征收每年的田赋，待军士乐于耕作之后再征不迟。明太祖在给户部的敕谕中的态度，一方面表明他赞同沐英屯田之议，意味着更大规模的屯田活动不久之后将在云南全面展开；另一方面，明太祖下令户部大臣几年之内不得向屯田军士征收田赋，这对调动云南屯田兵民的生产积极性必然产生相当大的促进作用。

于是，洪武二十年（公元1387年）八月，朱元璋派遣右军都督佥事孙茂用钞2.2万锭，前往四川购买耕牛万余头，目的是因朝廷即将大规模用兵麓川，欲使军士前往云南屯田，预备军粮。至此，明朝在云南的军事镇戍政策发生了重大变化：由初期单纯的"大军屯聚"于部分重要城镇和交通干线，变为在滇中府、州、县广大范围内且耕且守，进行大规模的屯田镇戍。

随后，朝廷屡次下令征调官兵往云南屯田。从洪武二十年（公元1387年）八月至洪武二十一年（公元1388年）六月，短短十个月的时间内，明朝就往云南征调军士和屯丁十余次。这样集中地大规模调军，在明初的全国性的移民屯垦运动中实属罕见。洪武十九年（公元1386年）沐英所上屯田奏疏，是云南全面实施"戍兵""屯田"战略性转移的标志。特别是洪武二十年至二十一年间（公元1387～1388年），明王朝曾向云南大规模调遣军队，掀起洪武年间第二次军事移民高潮。调入的军队，不再是单纯的临时征战，而是以"万世不拔"的"屯田听征"为目的。所以，洪武十九年以后，几乎进入云南的全体汉族军士都实现了从流动征战到定居生产的根本转变，他们亦耕亦守，成为开发云南、保卫边疆的生力军。汉族移民在云南屯田生产的重大作用和影响，正如正德《云南志》卷2"屯田"条所说：在云南实施屯田是明王朝治理云南十分重要的决策，因为云南之民夷多汉少，云南之地山多田少，致使云南的军队军粮供给困难，衣食无仰，假若不积极耕种而只是消极等待外地输入军粮的话，筹措及运输军粮的地方及人民势必心生愤恨。现在弃云南有用之地而徒手送给别人耕种，得到这些土地的人势必会更加强大。

这就是前朝之所以不能很好地治理云南的主要原因所在。现今云南卫所星罗棋布于各府、州、县，千屯万户分布在云南的广袤土地上。他们收入丰饶，可以舒缓纳税者的负担。各地营垒相连，足以防止盗贼出没，这就是云南屯田之所以重要的原因所在，并且云南的这种重要性比之于内地更加凸显。明代军屯的开展，使得云南不少山区得到了开发，许多地方变成了良田沃土，在一定意义上减轻了人民的负担。到洪武二十一年（公元1388年），云南屯军拥有耕牛12994头，屯田435036亩，收获粮食336007石，而卫所军士所用粮仅占总收获粮食的50%左右，所以此时云南粮食供应已经十分充足。到了洪武二十六年（公元1393年），屯田数已增加到了100余万亩。

其次是民屯。在军屯的同时，沐英还积极推行民屯，作为对军屯的有益补充。民屯是封建国家有目的地组织一些民间劳动力，通过迁徙方式，移居到一定的地区开垦耕种。谢肇淛《滇略》卷四说：朱元璋定鼎云南后，把江西殷实之家及有罪逃窜者，全部迁徙到云南实边屯田。洪武二十年（公元1387年），朱元璋又下令湖广行省的常德、辰州两府中有男丁三人以上者，必须出一人前往云南屯田。人数最多的一次民屯人员的迁徙是在洪武二十一年（公元1388年），沐英在定边之战后赴京朝觐后还镇云南时，携带了江南、江西250万人（疑人数有误，详见陆韧的《变迁与交融——明代云南汉族移民研究》及李清升的《明黔宁王沐英传》中的考证）到云南屯种，朝廷提供种子、资金、田地，分别安置于临安、曲靖、姚安、大理、鹤庆、永昌、腾冲等府、州、县。沐英还奏请迁徙湖广、江南居民80万到云南实边，并请求户部从国库拨给300万两白银以资他们屯种。这些请求都得到了朱元璋的允许。

再次是商屯。在云南商屯主要招募盐商于各地"开中"种粮，以换取盐引，再把盐运往外地贩卖，从中赚取差价。起初商人主要是从外地运粮进云南换取盐引，但由于道途遥远，获利甚微，于是部分商人从内地贫困地区招募农民到云南屯垦，就地种粮换取盐引，从而获利甚多。这一办法对明初开拓云南也起到了一定的作用。

总之，明初云南的军屯、民屯、商屯的开展及屯田数目增加，都与沐英的领导是密不可分的，沐英在执行中央政府命令的同时，每年还以屯田数目的增减作为赏罚官员的标准，所以云南的屯田在沐英治滇期间达到了高潮。

大规模移民

随着屯田的推广，大量的汉族移民进入云南，这是解决云南兵多民少、夷多汉少的最好方法。明代云南的汉族移民，除上述部分军屯官兵及民屯、商屯农民后来世居云南，成为事实上的移民外，尚有在沐英镇滇期间迁入云南，后来成为开发和建设云南的主力军的大批非军事人员，包括普通百姓、富民及外籍（即非云南籍）军人家属等等。

如前所述，明代大规模的驻军屯田始于大理之役以后不久，而明朝政府正式向云南大规模移民则开始于沐英自京师返滇之际，即洪武二十二年（公元1389年）冬，其时间约比大规模驻军屯田晚七年多。造成这种局面的原因是在明朝政府实行大规模驻军屯田时，大规模移民垦种的条件尚未具备。时至洪武二十二年，大规模移民的条件日臻成熟，于是这一行动便得以展开。具体来讲，其原因主要有：其一，云南经过这几年时间的设官立卫，其行政管理体制与军事控制体系日趋完善，政府对地方的监控能力已大大增强，特别是在洪武二十一年（公元1388年）春征伐平缅宣慰使思伦发叛乱的战役大获全胜，二十一年秋至二十二年初又大败越州土酋阿资所部叛军后，当时云南境内两个最有实力的土司已无力再掀"惊涛骇浪"似的叛乱，云南来自强大土司势力方面大的威胁已不复存在，明朝在云南的统治已明显趋于稳固，社会秩序大有好转。因此明朝政府可以有更多的时间和精力考虑进一步开发和建设云南的问题，云南已具备了移民进入所必需的相对安定的生产和生活环境。其二，随着沐英奉命于洪武二十年（公元1387年）年底开始的筑堡建驿等工作的日渐完成，云南的交通状况也有了一定改善，移民的辗转与安置所需的基本条件已经具备。其三，由于历史和人为的原因，再加上长年战火等因素的影响，统一之初的云南，境内人口稀少，荒地甚多，生产技术落后，居民文化素质整体水平低下，有必要接纳大量来自经济较为发达、文化水平较高的内地移民。其四，云南民穷兵困，政府在该地区的政治统治与财政收入均大受影响，故大力发展云南经济，无论从政府缓和社会矛盾、稳定社会秩序、巩固其自身在云南的统治来讲，还是从增加其在云南的财政收入等方面考虑，实行移民垦种都十分必要。正是基于上述原因，沐英的移民垦种之议才得以付诸实施。陆韧教授在《变迁与交融——明代云南汉族移民研究》一文中的研究表明，明朝进入云南的汉族移民的种类主要有军事移民（卫所移民）、罪徙移民、其他类型的移民等等（如民屯、商团、因官而寓、因商而寓、因学而寓）。

　　沐英在驻镇云南期间，通过采取驻军屯田、移民垦种之法，开垦了大量土地，既在一定程度上解决了明朝驻滇官兵的给养问题，同时也为云南的经济建设做出了突出的贡献。屯田以兵养兵，减轻了人民的负担，加之沐英实行"缓其赋税之粟"的政策，使云南各族人民乐于进行生产劳动，加之大量的内地汉族人民到云南安家落户，与云南各族人民共同生产，为促进云南农业经济的恢复和发展创造了条件。此外，大批来自内地经济、文化较为发达地区的居民自此世代居留滇中，为增进内地与边疆地区的经济与文化交流、促进民族融合等等，也同样发挥了重要的作用。

政治、经济、文化教育事业方面的贡献

平定云南后，明朝势力深入西南边陲，直接面对一个与中原内地社会经济发展程度迥异的地区，张紞在《云南机务钞黄》中说：西南之地，地方千里，皆为崇山峻岭、瘴疠横行之区，少数民族种繁多类，民俗各异，愚钝难以驯化。如何统治这片广大的区域？是将内地的一整套统治方式强加于云南，还是采取适应云南特殊情况的不同于内地的统治政策？明王朝必须做出正确的抉择。

土司制度

面对云南各少数民族相互杂处,"威则易以怨,宽则易以纵"的复杂局面,明王朝不得不迅速改变原来照搬内地模式、整齐划一设置政区和高度集权统治的方法,改为"宽猛适宜"的政策,以不同的社会经济基础为根据,实行有所区别的统治方式。正如《明史》卷310《土司传·序》中所言,凡云南归降的少数民族首领,即授予元朝所封官爵的土司制度,由此,将统治势力推行到不能完全适应直接统治的云南广大边疆地区。既要给予少数民族首领一定的权力,对他们安抚羁縻,使他们"易为统摄""奔走唯命";又要对顽梗不化、叛服不常者以武力定之,使他们"摄于兵威",听从王朝的驱调,承担赋役。即"顺俗施化,因人授政",从而"上下相安",稳固明王朝在云南的统治。也如天启《滇志·羁縻志》中所说的,对少数民族实施羁縻政策,并非是用给牛鼻子穿绳和给马戴笼头的简单治策,而是授予他们爵位,给予他们赏赐,赐予他们衣冠服章,使他们能够自己管理自己,用华夏文化对他们进行教化,使他们能够为朝廷效力疆场、抵御外辱。沐英正是深刻地认识到了云南各少数民族的特殊情况,才能够在施政过程中有的放矢,为明朝政府在西南的施政提供了有力的保障。

由此,沐英因地制宜,即《明史》所言的进一步完善明朝的土司制度，使之更加完备。土司制度就是利用少数民族中的上层分子世袭充任地方政权机构中的长官，以便明朝政府在政治上令其听从中央王朝的"驱调"，在经济上"额以赋役"。沐英是明朝在云南政治上的代表，既是总兵官，又是西平侯，兼理军事和行政事务，他对云南地方少数民族以及民族上层所采取的政策，体现了明中央的意图，也符合当时云南实际情况。云南全省虽然已基本平定，但是地方少数民族中的贵族统治势力仍然比较牢固，要改变各民族内部的生产方式是不可能的，要取消地方贵族的统治权力也是不可能的。正因为如此，在推行"土司制度"的过程中，沐英不断奏请和执行中央指令，让各少数民族中的贵族分子充当"土司"。从洪武十四年到洪武二十四年（公元1381～1391年）十年间，云南在33个府、州、县设置了土司，分别是云南、大理、临安、楚雄、景东、广南、镇抚、顺宁、蒙化、曲靖、姚安、鹤庆、武定、寻甸、丽江、元江、永昌、新化、威远、北胜、湾甸、木邦、孟养、车里、八百媳妇、广西等。仅洪武十六年（公元1383年），沐英就任用土司77家之多，占了《土官底簿》收录的明正德以前所设151家土官的一半有余。如云南府就设土官巡检12家，计土指挥佥事1家、土知州1家、土知县1家、土县丞1家、土巡检7家、土驿丞1家，这些都是在杨苴之乱被平定后设立的土司，基本上都参加过当时的叛乱；可见沐英在军事征服的过程中，对一部分地方土司上层采取了"顺而抚之"的政策，使得许多与中央政权仅保持若即若离关系的地方势力，纷纷来归。如洪武十四年（公元1381年），临安土官杨政降；又如洪武十五年（公元1382年）景东归附，景东土官俄陶献马160匹、银3100两、驯象3头，镇抚总管刀平与兄那直归附；再如洪武十六年（公元1383年），沐英奏请以土官高保为姚州府同知、高惠为姚安州同知等。

　　土司制度是一种一体多元的统治方式，适应于民族众多、发展极不平衡的云南社会，根本目的在于确保国家的统一，为促进云南与中原内地整体发展创造了条件。这一政策的确立，是符合当时云南社会经济、民族构成和历史发展状况的。这就从政治上减少了对抗力量，有助于云南局势的稳定。沐英在云南加强和完善土司制度，对于增强中央之权力、密切中央与地方之联系、维护祖国版图的统一和完整、抑制地方分裂割据局面的出现、加强各族人民之间联系和交往的客观作用，是不容忽视的。沐英之后，沐氏世代镇守云南，成为云南土司的共主。《明史·云南土司传》就说：自沐英平定云南后，驻镇十年，在少数民族地区恩威并举，凡有只言片语传达至少数民族地区，当地土司酋长都会整齐衣冠、摆设香案出门跪迎，洗手后方能打开，并说这是黔国公的令旨。由此，沐氏家族在云南能够世代镇守，功名显世，与明祚相始终。每次云南凡有大的军事行动，沐氏都会参与其间，朝廷也会授沐氏征南将军印，业已成为惯例。云南土司的承袭兴废，朝廷都会参考沐氏的意见。且沐氏在云南诸土司中的影响也十分深远，当清初吴三桂镇滇之时，迤东土司打着"反清复明"的口号起事时仍认为沐氏有子在，"事成奉以为主"，试图以沐氏后裔为其宗主。从中也可窥见沐英在云南加强和完善土司制度对云南影响之深远。故有人说沐英镇滇后云南各少数民族能够很快安定下来，这与他在云南进一步发展和完善土司制度有着极其密切的联系。

水利建设

屯田垦荒离不开水利建设。元朝末年，由于朝政荒芜及战乱，昆明以及其他各地的水利失修已久，坝堤溃坏，洪涝灾害频繁。明初，在沐英的推动和领导下，水利建设事业开始复兴。据《景泰云南图经志》记载，洪武十四年（公元1381年），滇池因常年未修浚，唯一的出水口海口淤塞，适逢阴雨连绵，滇池周围的田地都被淹没，庄稼绝收。沐英发动这一带的军民屯户，疏浚滇池出水口，泛滥的滇池水自疏浚后的海口河经螳螂川流出，致使水位下降，灾害自然消除。以后，滇池沿岸各县轮流对海口坚持"三年一大修""每岁一小修"，使滇池以后数十年间再没发生过较大的水灾。除此之外，沐英还兴修了许多水渠和闸坝，如呈贡玉带水（又名过山沟）等，史载"明黔宁王沐英开滇，凿山引水灌溉田亩……置石坝十七座"，灌溉缪家营、郎家营、柏枝营、王家营、白龙潭、洛龙河、中庄等村田地。这一著名的水利工程，保证了上述各村千顷田亩的农作物用水，此工程时至今天，仍然发挥着水利灌溉的作用。在沐英倡导并亲自参与兴修水利的影响下，云南各府、州、卫、所纷纷掀起了兴修水利的热潮，如：在曲靖府，在指挥使刘璧的率领下，大修水利，由此"军民利之"。在大理府，邓川的弥苴佉江堤，东堤由军屯户修筑，西堤由当地土著居民修筑，至今仍发挥灌溉作用。此外，在素以干旱著称的云南县（今祥云县），沐英还创造性地实施了"地龙"灌溉网（地下蓄水池和渠道），减少了水的蒸发量，使得大片荒田得到灌溉，得到了"云南熟，大理足"的美誉。关于此类的记载非常多，这些工程绝大多数是在沐英领导下，汉族军民屯户与当地土著少数民族血汗、智慧的结晶。"军民俱利""夷汉利之"等证明了兴修水利对当时云南的发展之利。在垦殖田亩、兴修水利的同时，各种农业生产技术也有提高。水车、水碓、水磨等工具得到普遍运用。水利事业的复兴，使大片的土地得到了灌溉，减少了水患，促进了云南各地生产的发展，对繁荣农业经济起到了不可低估的作用。

总之，沐英治滇十年，推行屯田、鼓励开荒、发展生产、兴修水利、发展商业、迁徙移民等等，为明王朝在云南的统治打下了坚实的物质基础。

发展道路交通事业　　振兴商业和手工业

由于战争及屯田的需要，修路置驿往往是历代为政者最关注的焦点之一。沐英镇滇期间，十分重视发展云南的道路交通事业，以加强云南与外省及云南各地之间的联系。其实，元代，以云南省城中庆路为中心，曾修筑过多条通往省外的驿道，明军入滇后基本上沿用元代的驿道，但因战乱，出现了"有驿无递"的局面。因此，为了政令、公文的畅达，必须打通驿道，保证驿传畅达。洪武二十年（公元1387年）十二月，沐英奉命修建自四川永宁至云南大理的驿道，规定每六十里设一堡，每堡置军并屯田，"兼令往来递送，以待驿传"；于是，自曲靖火忽都至云南前卫易龙设5堡，自易龙至云南右卫黑林子设3堡，自黑林子至楚雄禄丰设4堡，自禄丰至洱海卫普溯设7堡，自普溯至大理赵州设2堡，自赵州至德胜关设2堡，共设23堡，大大方便了沿途的交通。在置驿建堡过程中，沐英还重修或新建了大批桥梁，如沐英曾主持兴建过云南府属宜良县城西门的胜峰桥、越州西门外的澄清桥。而云南府横跨盘龙江上的"大德桥"，在明朝统一云南以前即毁于兵，盘龙江东、西两侧之居民往来极为不便，沐英镇滇期间，曾多次派人对其进行维修。

随着云南社会经济的不断发展和繁荣，以及城镇居民点的不断增多，商业交换也迅速发达起来。沐英镇滇期间曾设法"通盐井、来商旅"，打通了通往四川的粮道，扩大了云南与外地的商业往来和联系，达到了互通有无、繁荣云南商品经济和商品生产的目的。洪武二十三年（公元1390年），沐英定商税为三十税一，设云南、大理、临安、楚雄、永昌5府税课司，使这5府成为当时云南商品交换的集中之地，促进了云南省内各地的商业往来，为明王朝在云南的统治打下了坚实的物质基础。

扩建云南府城　兴建各地城池

在中国古代，一般说，城池的筑造是政区治所发展程度的一个标志。在人们的观念意识中，标准的政区治所必须筑有城池。而平定云南后，因各地形势多变，急需扩建或兴建具有重要战略意义的城池。作为政治、经济、文化中心的云南布政使司治所云南府城，为沐英首先选择扩建之城。

云南府城的扩建始于洪武十五年（公元1382年）。此时，昆明虽是云南省的省会所在地，元朝所筑中庆城是一座南北长而东西窄的土城，已经完全不能适应明初人口的增长和应对频繁的战争，于是沐英决定新筑云南府城。云南府城的设计由明初建筑大家汪堪海负责。据罗养儒的《云南掌故》记载，汪堪海到达昆明后，"审山龙、查地脉。别阴阳、定子午，就高下而奠基础，取形胜而立范围"，将昆明城设计成龟形，故又称昆明龟城；其南门为龟头，北门为龟尾，大小东门与大小西门为龟之四足。龟是灵龟，尾掉而足动，所以北门之内城门作北向，郭之门则不向北而向东，是龟掉尾也。大西门、小西门、小东门之三道城门，内则向东向西，外则向南，其取足之动也。唯大东门则内外如一，是东方属木，宜伸而不屈也。设计完成后，沐英鸠工庀材，事事身先，调集工匠、夫役，动工兴建。从洪武十五年（公元1382年）至洪武十九年（公元1386年）历时4年方始竣工。此城是昆明历史上第一座砖砌的城墙，四面砌砖，中间用夯土填实。每块城砖长33厘米、宽18厘米、厚13.5厘米，重12.5公斤，用石灰浆平砌，极其坚固。城共分六门，引盘龙江之水为护城河水，云南府城的扩建，在当时具有重要的政治和军事意义。

此外，沐英还在其余府州兴建了一批城池，如洪武十五年修建的大理府城，洪武十七年（公元1384年）修筑的大理龙尾城等。明代在云南设置的22个府的治所中，云南、大理、临安、永昌、楚雄、曲靖、澄江、蒙化、鹤庆、姚安、广西、寻甸、武定、元江、广南、顺宁、景东等17个府和北胜直隶州的城池设置，皆在明军平定云南之初在沐英的倡导下建立的，此外，还有一些州、县的城池，在此期间也建立起来，这些城池的建立，大大改善了各地人民的生活环境，加强了对行政区域内外的辐射能力，奠定了向近代城市转变的基础。同时也增强了这些城市的防御能力，有力地抵御了外部势力的侵扰，有力地巩固了新兴建立的各级地方政权。

兴办儒学　提倡文教

明代，云南文化教育事业的兴盛与沐英的努力密不可分。在沐英镇滇期间，他遵照朱元璋的"治国以教化为先，教化以学校为本"的方针，大力推行儒家教育，使中原文明向更广阔的地区和更多的人中推广。在沐英治滇的十年中，云南的学校教育取得了很大的成绩，为明代云南教育的发展打下了坚实的基础。

明朝立国后，非常注重官学的教化功用。朱元璋一再强调"治国之要，教化为先；教化之道，学校为本"。同时，由于元末的战乱对官学体系的大肆破坏，形成一种礼崩乐坏的局面，势必不利于明初的稳固统治，因此，明统治者决定尽快恢复传统的教化和建立各类官学。有明一代，不但大力兴办了中央官学，还建立了众多地方儒学，包括府学、州学、县学、卫学及带有启蒙性质教育的社学，所以明代学校数目众多，一度达到"无地而不设之学，无人而不纳之教"的局面。这虽然不乏溢美之词，但从另一个侧面也反映了明初教化之盛及统治者重视教化、以教兴国的战略方针。在云南也不例外，早在洪武十四年（公元1381年）蓝玉、傅友德、沐英定滇后，在百废待兴的困境中，明太祖也于洪武十六年（公元1383年）下诏说，云南各府、州、县都应该大力兴办学校，并要求选举品学兼优的儒生作为学官来教化子弟，使其知礼仪以美风俗。

在这一政策的指引下,沐英镇守云南期间,为了提高云南人民的整体文化素质、改变云南社会的落后面貌,非常注重兴校办学,努力发展教育事业。他在元朝云南府学旧址上,重建云南府儒学,挑选民间俊秀及土官子弟,都令入儒学学习,使他们知礼明义。据天启《滇志·学校志》记载,沐英共恢复了云南元代所建11所儒学,如洪武十六年(公元1383年)临安府设儒学,洪武十九年(公元1386年),建楚雄学宫等等。而明初沐英复建、重建儒学的举措,被其后裔忠实地奉行,成为有明一代云南实施教化的重要内容。所以,倪蜕的《滇云历年传》说,云南的教育事业,从沐英驻镇云南之后开始逐渐兴盛起来。

此外,沐英也大力地培植各少数民族上层的知识分子,其目的是为了加强明朝中央集权在云南的统治,使他们知书达礼,学习和了解中原文化,使汉族文化逐渐融合到少数民族的文化中去,进而影响和推动着各少数民族文化的演变和发展。在明朝"以夷治夷""因俗而治"的治边策略的指导下,统治者十分注重对少数民族上层子弟的教化,以图达到如《明史·广西土司传》中所说"惟武功以定天下,文德以化远人"的目的。同时,强调对边疆少数民族进行"教化",把在少数民族地区兴办教育作为"安边之道",以达到"既平滇宇,用夏变夷"的目的。

当时,对少数民族的教育形式主要是吸收土司子弟到京城入太学,并规定土司子弟必须送入太学或府、州、县学或宣慰司习礼，未经儒学习礼者不准承袭土司职务。由此，有明一代民族教育的重点就放到了控制边疆民族地区土司上层的层面上来。将兴学教化与安定边疆紧密联系起来，并把民族教育的发展提升到巩固统一的多民族国家、加强边疆民族地区与内地一体化进程的高度，这一规定也成为明朝统治者对边疆民族上层实施教化的统一准则。因此，在边疆民族地区，明政府鼓励土司子弟进入明朝最高学府——国子监读书深造，并给予较为优厚的待遇。如《续文献通考》卷60《学校考》就记载，洪武二十一年（公元1388年），朝廷就下令云南的彝族土官必须把子弟送入国子监读书学习，开了云南生员入国子监学习的先河。此后入京就读国子监的土官子弟源源不断。在沐英的倡导下，洪武二十三年（公元1390年）七月，云南乌撒军民府土官知府何能就派遣其弟忽山及罗罗生员二人到国子监就读，朝廷赐给他们钞锭、衣被、靴袜，并且规定凡云南、贵州并四川土官学子，每年可以到礼部领取冬夏衣服各一套。同时，明朝政府对入国子监读书的少数民族土司子弟一直实行各种鼓励和优惠政策，不但厚其衣食、广其号舍，还对回乡探亲之人再赐以路费，这种对入国子监读书的土司子弟的优厚待遇被明廷作为一项制度沿袭了下来。《明会典有关云南事迹辑录·礼部·学校·国子监》就记载，每年少数民族土司子弟夏天和冬天的衣服都由南京礼部行文，由南京工部织造，按时赐给，不用每年奏请，以此为例。这种针对云南等民族地区的土司子弟入监子弟赐以衣物的待遇,体现了朝廷对土司上层子弟的一种怀柔政策。

沐英在云南的官学中也是选取民间俊秀子弟及各少数民族土司的子弟入云南府学读书,并对他们倍加照顾,万历《云南通志·艺文四十》记载,沐英每逢初一、十五,都会赐给少数民族土司子弟食物或衣服。沐英还热爱生员,有时,在开学祭孔典礼结束时会很随和地深入到师生中,把师生请到大堂就座,设筵席、烹羔羊招待他们,每年在春、夏时节,令缝制"时衣"相送。沐英这种大兴学校、优待学官、鼓励云南当地人尤其是少数民族青年进入官学就学的制度,促进了云南和内地的文化交流,加深了各民族之间的感情和身份认同感,有效地减少了民族矛盾,有利于云南社会的安定。后人也称颂沐英说:

> 总戎论道古今稀,便觉文星动紫微。
> 六籍由来开后学,百蛮从此格前非。
> 人心每感生成德,物理能穷造化机。
> 自分草茅何大幸,几回幕下挹清晖。

此诗对沐英兴学立教的功绩大为赞赏,尤其对沐英的"六籍由来开后学,百蛮从此格前非"民族教育更是给予了很高的评价。

明代的韩宜可在《除夜呈总兵官》中也云:

将军报国赤心肠，万里南驱定大荒。
不许血腥污剑戟，从教田野乐耕桑。
角梅调转迎春信，爆竹声残散曙光。
遥望天东云五彩，蕃厘端为祝吾皇。

该诗对沐英在云南实施教化所产生的"从教田野乐耕桑"积极影响进行评论。

沐英之所以在云南如此重视学校教育，并身体力行地发展云南的民族教育，原因在于沐英自己就是一个好学问的人，史载他只要有闲暇都会手不释卷，并经常请有名望的儒生来给他讲经论史。他特别欣赏有学问的大儒，并对宋儒的修身、治国之道颇有研究，因此，要求在文庙铭刻《白鹿洞规》等文以志纪念。因平时忙于军、政事务，没有太多时间读书，沐英想重点选择一些经典书目阅读。有一次他向一位儒生讨教如何选择书籍文献的问题，儒生告诉他说："要研习儒家学问，必须从四书五经开始，这些书都要通篇精读研习，但是您为国家的重臣，现在正当壮年，精力充沛，只需知晓如何辅助皇上、安定天下就可以了，您不用效仿书生为科举考试而博闻强记、诵经读史。"因此，这位儒生建议他读《大学衍义》一书，认为该书乃宋儒真德秀先生所撰，书中记载了格物致知、修身、齐家、治国平天下的道理及天人感应、治乱兴衰的缘由等内容。沐英乃命手下购得该书，一有闲暇时间，就请来儒生学子，相互切磋交流，同时辅之以《通鉴纲目》等书。

不过二三年后，沐英也就学问大进，凡讨论事情，都能引经据典，令人信服。沐英如此平易近人，丝毫不像手握重兵的一方镇抚，其对读书人之礼遇可见一斑。此外，沐英还积极招揽名师，正德《云南通志》记载，有着"博学能文"之称的平显，因得罪太祖，被贬到云南屯垦戍边。明代的户口制度，军民分籍而治，民户担负赋役之事，军户则承担国家军役。凡是军户子弟，父死子继，世代服役。按照军制，军户的常服为赭衣戎帽，平日要值勤上岗，巡逻放哨；若遇团练还要荷戈就伍、入列操练等。沐英听说后，立即向朝廷求情，请求免除他的军户身份，并聘平显为幕僚，免去平显充军生活的艰苦，对其进行优容和庇护，可见沐英对名儒的尊敬，以求贤若渴的姿态笼络士人。

明代云南的文化教育，经沐英最先重修云南府学并大力倡导后，为云南培养了大批在全国各地任职的人才。有明一代，仅昆明地区就读于云南府学的生员，中进士者70人，中举人者708人。其余如临安府，自洪武开滇后，士子们的习俗开始改变，人文蔚起，临安府的学子都以进学宫学习为荣。自永乐丙戌年临安府考取第一位进士起，在朝为官的临安士人不绝于朝。而永乐至嘉靖年间，临安府有进士22人，举人202人，是云南各府考取科举人数比较多的地方。因儒学教育的发达，直到今天，临安仍然被称为滇南文献名邦，可见当时儒学之盛，直到今天保存完整的旧文庙仍然宽敞明亮，屹立滇南，也可见明初沐英修建时的规模之宏大。

沐英焚书的讨论

明军进云南之后,师范在《滇系·典故系》中记载了一段话说,明初傅友德、蓝玉、沐英三将军武力征讨云南后,不是以光复旧物为己任,而是以破坏为能事,所有官府的档案典籍、民间的书籍都被全部付之一炬,元朝遗留的东西也因此被彻底焚毁了。此后,又奏请迁徙江右富民入滇实边,从而导致云南的土著居民也附庸风雅,言语之间都说自己的祖先来自江南或来自南京。袁嘉谷在《滇绎》中不仅转引师范之说,还将明初之焚书与元初忽必烈入大理后命姚枢搜访保护图书一事进行对比,谓明初之焚书与元初之保留图籍可谓有天壤之别。段玉民在《大理国史》中引用了以上材料,进一步推论说征南大军进入云南之后,为了消灭大理国"白族化"的倾向,割断云南与旧族的文化联系,沐英等人采取了"灭国先灭史"的措施,将大理国有关文献统统焚毁殆尽。这一观点在现今学术界仍然存有争议,有的学者认为此为师范一人所记载,乃孤证,不足为取;有的学者则认为师范、袁嘉谷等大家传世文献的记载转述,还有诸如段玉明《大理国史》《昆明市志长编》等的推崇(《昆明市志长编》卷3《沐英焚毁图籍之说》中载沐英入滇后,"将公文、档案、历史图籍接收过来,而接收过来的大量档案、图籍哪里去了?据师范《滇系》、袁嘉谷《滇绎》说,他认为那是少数民族自己建立国家的历史文献，一把火给烧了，如可能属实，果然如此，他实为昆明文化史上的罪人"），认为确实存在其事。而诸如李清升的《黔宁王沐英传》等书中则又认为"沐英不仅没有焚毁上述文献图籍，相反，因保存了这些珍贵资料，使其子沐春及几位文臣得以编写出一批重要的地方志书，为云南文化建设发展做出了重大贡献"等。

笔者认为，对这一问题的探讨，囿于资料的原因，仍莫衷一是，仁者见仁，智者见智。要想进一步探究，必须不囿于成见，多学科结合，或许能有所突破。

首先，就中国民族史现有的研究成果而言，林超民教授在《白族形成问题新探》和《汉族移民与云南统一》等文中提出了大理国时期，云南出现了白族化的倾向，元代云南行省的建立及对云南采取的一系列措施，中断了大理国时期云南"白族化"的进程。但元朝段氏仍为大理路总管，兼摄宣慰使都元帅，且参与行省职务，以至段氏为行省平章政事，成为云南的强权实力人物。大理总管与元朝对云南的统治相始终。据方国瑜先生的《中国西南历史地理考释》考证，整个元代，大理总管位高权重，统辖地区甚为广阔，统领着大理、鹤庆、姚安、蒙化、巍山、永昌、腾冲、顺宁、德宏及明代的勐养、木帮二宣慰司，孟密、蛮莫二宣抚司之地。林超民教授认为，有元一代，大理总管实际控制的地区仍然是以洱海区域为主，洱海地区成为大理总管统领下的一个自治地方。尽管元代统一云南的各项举措对改变大理的社会结构、文化传统产生了巨大的影响，但仅仅是相对于省会昆明等地区，以洱海区域为中心的滇西地区变动相较要少一些。洱海区域一直还存有白族化的趋势。所以，明军进入云南后为了中断这一地方势力对云南的影响，焚毁作为大理国主体民族白族的文字载体——书籍，成为势所必然之举。而有明一代，对南诏大理这一段历史，除了明王朝在宣扬其丰功伟绩的时候会略述一二，或者方志在记录种人时略有提及，基本被人遗忘。如被马曜先生认为"要研究南诏大理国历史一定要去"的南诏大理剑川石宝山石窟，该石窟雕刻南诏王阁逻凤出巡、异牟寻议政等雕像，"是研究南诏国、大理国时期的重要实物资料"，可以说是南诏大理时期的一个圣地所在，应该广为人知，但是在明代的《徐霞客游记·滇游日记》中，喜游名山大川、熟悉云南史地的徐霞客却对剑川石宝山未载一字，是何原因，也有待我们进一步考察；但至少可以说明的一点就是，明代，剑川石宝山已经褪去了历史的光环，不再是一个文化名山或南诏大理历史的圣地，已经淡出了人们的视野，所以连徐霞客都没有关于它的信息了。此外，在云南现有的文献和考古遗迹中，拥有二百六十多年历史、十几代国王的南诏国，除了石宝山的石窟外，无一本史书记载、无一处雕刻记录他们的国王图像，这一现象也较难解释。所以，对于沐英等"在官之典册，在野之简编，全付之一烬"的说法，似乎有可信的成分在内。还有，现收藏于中国台湾与日本的两件与南诏大理历史息息相关的绘画精品基本上都是在北京被发现，它们是被李根源先生称为"滇中瑰宝、天下神品"的《大理张胜温画卷》及对研究南诏历史和文化具有很高的历史价值的《南诏中兴画卷》，它们为什么在云南的典籍中从未被提及，却在北京被发现，是通过什么方式流传出去的？这或许也与明初沐英等征滇后"收梁王金印并官府符信图籍，抚按其民"有关，对典籍加以销毁，但对珍贵的绘画精品却运至北京，作为文物上交国库。

其次，从文献学的角度来看，明代出现了"白古通"系的地方文献。侯冲教授的《试论〈白古通记〉的成书年代》（《学术探索》1996年第2期）及《白族心史——〈白古通记〉研究》（云南民族出版社2002年版）说：在明初，白族有识之士为了反抗明初统治阶级将大理地区"在官之典册，在野之简编，全付之一烬"以扼杀白族传统文化的过激行径，采集史事和民间传说，于明初用白文编撰出《白古通记》，以后就演绎出了"白古通系"的地方文献。这些文献，"通过编撰白子国谱系，载述南诏大理至明初史事及传说，为白族展现了古代大理地区辉煌的历史和一个可以与汉族相颉颃的儒佛交融的神奇世界，从而给白族人民提供了精神寄托，振奋了白族民族精神，使明初白族大姓在内地汉族文化的冲击下站稳了脚跟，增强了自己的民族意识，坚定了自己的白族信念"。即："白古通系"地方文献是明初明军攻克大理并实行强权政策这样一种特定历史条件下的产物，是大理国及其后续的段氏总管统治势力结束后那些怀有"故国之思"的白族知识分子对往昔的追忆,"不仅是明初大理地区民族情感、民族心灵历程的重要表现之一,而且在明代以后白族拥有民族自豪感和优越感,不将自己与汉族认同,不把自己归属到汉族演化发展过程中,也起到了极关键的作用"。从中我们可以看出侯教授对《滇系》所载的这一条史料的肯定,即因明初平定云南后沐英等的焚书,使白族后裔对其祖先历史的了解往往只是在口头传说中,他们为了恢复对其祖先历史集体的记忆而开始创作"白古通系"地方文献。而这种杜撰史事的做法,到近代仍然存有,如《大理古佚书钞》就是其中较为著名的一部,作为伪书已经为学术界所公认(参见侯冲《大理古佚书钞是伪书辨》,载《佛教与云南文化》,云南民族出版社2006年版;王富《大理古佚书钞质疑》,载《民族学评论》,云南大学出版社2010年版)。

再次,从教育史的角度而言。一般看来,中国古代的官学体系是作为思想控制的主要阵地,特别是在边疆民族地区的云南,元代云南已经兴建了大量的儒学,如《元史·赛典赤传》就载:元以前云南子弟读书风气不浓,赛典赤到云南后始创建孔庙、明伦堂等,并开始讲经诵史,给予孔庙学田以保证地方官学正常运转,由是云南子弟的读书风气稍有起色。元至元十九年(公元1282年),中央王朝就命令云南诸路皆建文庙,以祭祀先圣孔子,此后云南各路府纷纷建立学校。元至元二十二年(公元1285年),郝天挺主政大理,倡议建立大理路学,令赵传弼充教官,同年张立道建庙学于建水路。而大理段氏统治区域,虽然建立儒学，但其仍然是根深蒂固的白族文化。所以，沐英等入滇后，为了斩断大理的历史、输入明朝的主体文化——儒学，就有了如前所言的焚书行为。

但焚毁之后应该采取什么样的措施来进行思想上的控制呢？从教育史的角度而言，就是利用儒家正统思想进行教化，达到思想上的控制，进而达到政治上的一统。由此，明王朝在云南大力兴设儒学，特别注重对洱海地区的办学；试图把儒家学说介绍到云南，从思想上进行控制。据《明实录》所记，洪武十五年（公元1382年）在云南地区兴起了一轮由上而下普遍设学的运动。而从天启《滇志》记载的云南官学的建立情况来看，云南府、安宁州、临安府、大理府、邓川州、澄江府、鹤庆府等在元朝时已建学校，但明初被焚毁的地方官学，在洪武年间得以重建或重修。云南府的晋宁州，大理府的赵州、云南县、浪穹县，临安府的嶍峨县，在洪武十五至十八年（公元1382～1385年）间则相继新建了学宫。这些学校大多分布在云南的腹里地区。此外，在洪武年间建学宫的还有元江府、太和县、阿迷州、宁州、通海县、蒙自县、永平县、南安州、剑川州等府、州、县学，他们都建于洪武二十年至二十九年（公元1387～1396年）之间。可见，沐英镇滇期间，大理府的地方官学基本上已经建立起来了。

而社学也是明王朝进行儒家教化的一个重要场所。从云南社学的分布情况看，社学也主要分布在洱海区域及当时大理国的统治区域大理、鹤庆、蒙化、姚安等府。特别是在大理府，据天启《滇志》记载，大理府有记载的社学就有7所之多，还不包括"城内外皆有"的没有名称记载的社学。而鹤庆府则有36所，姚安府有28所，这些也正好与当时大理段氏的统治区域相吻合。据天启《滇志》记载，有明一代，云南的所有社学也只有169所，而大理国统治区域所建社学据不完全统计就设有71所，占了几近一半。所以，明初沐英通过强制手段中断大理白族化倾向后为了加强对大理段氏统治区域的进一步控制，试图通过正规的儒家教育，把大一统的正统思想传播到之前的大理国统治区域。

总之，从以上讨论可知，师范在《滇系·典故系》中记载沐英等攻克大理之后，为中断大理白族化倾向而采取的强制措施这一记载是可信的，这种措施是沐英在特定历史条件下采取的一种特殊手段，其目的是巩固明朝在云南的统治。

黔宁威仪　世祚南中

云南的沐氏家族,自明洪武年间的沐英至南明永历朝的沐天波共传12世,16人世袭镇守云南,世袭西平侯、黔国公等爵位,实授云南总兵官、挂征南将军印。总计被朝廷封了二王、一侯、一伯、九国公、四都督,沐英为明朝开国功臣中传世最久且时间最长的一位。可以毫不夸张地说,明初,沐英创建的沐氏家族的命运与明朝的国运相随始终,在云南历史上产生了深远的影响。

世守云南

在明初统一云南的过程中，经过一系列的军事行动和设官、立卫、移民、屯田等活动，沐英全面施展他的宏图大略，宣布明朝威仪，云南众多少数民族都革心向化，使得万里之外的云南逐渐稳定下来。沐英不仅出色地完成了明太祖赋予的使命，基本建立起了明政府在云南的军事与行政控制体系，有效地维护了明朝的边疆稳定，为随后的一系列维护国家统一、稳定社会秩序的平乱活动拉开了序幕。沐英驰骋疆场，其用兵如神，战则胜，攻则克，屡立战功。在其镇滇期间，各项措施有效得力，使得云南安宁无事。《滇粹·云南世守黔宁王沐英传附后嗣十四世事略》称，沐英平定云南后，着手经营云南，不到十年，云南百废俱兴。沐英之所以能在不到十年的时间里便使云南走上正常发展的轨迹，是与他超人的敬业精神密不可分的，天启《滇志》卷21《艺文志·黔宁昭靖王庙记》称赞他说"西平奉诏，稽首以拜；夙夜兢兢，罔敢或懈"，即是最好的证明。此外，沐英小心谨慎的处事之道，也是其能创建沐氏世镇云南的主要原因之一。军功对于将军来说往往会带来最大的杀身之祸，沐英也深明此道，其也教育子孙要忠君爱民。沐英的第十世孙沐叡墓中曾出土一块类似"长命锁"一样的金牌，金牌正面正中写着"黔宁王遗记"五个空心大字，右边刻"此牌须用"等字，背面写着"凡我子孙，务要尽忠报国，事上必勤慎小心，处同僚谦和为本，特谕，慎之戒之"。这是沐英对后代的谆谆教诲。有一则小故事说明了沐英的谨慎和"尽忠"。沐英本姓是什么，一直是一个谜。明人李绍文《皇明世说新语》中记载：有一次朱元璋问朱英（当时沐英跟朱氏姓）说："朱英呀朱英，你到底是谁的孩子呢？"朱英只是一个劲地回答："我就是陛下的孩子，深沐陛下和皇后的养育之恩。"朱元璋似乎不肯罢休，还是一个劲地问朱英，朱英却始终磕着头对朱元璋重复刚刚说过的话。就这样几个回合之后，朱元璋一下子笑出了声来，也许是因为养子太可爱了，也许是因为被养子感动了。总之，当时的沐英在此事的处理上很讨朱元璋的欢心，其小心谨慎也可窥之一二。

自洪武十四年（公元1381年）秋入滇至其身死为止，十多年间，沐英一直以政事为主要任务；其间虽曾进京朝觐见过一次明太祖，但前后滞留不过十天而已。正因为沐英忠于职守、克己奉公，使云南的政局形式、社会面貌等都有了较大的改观。所以沐英生前，赢得了从明朝皇室、云南汉族统治者、少数民族上层土司到普通士民的一片赞誉之声，不仅深得明太祖信任和依托，而且备受云南各族人民爱戴和拥护。其子孙后代世受明皇室之殊恩，得以世代镇守云南、屏藩明室，沐英可谓功不可没。可以说，沐英为日后沐氏家族为代表的明朝云南地方守臣加强对云南的管理、开发和建设奠定了良好的基础。

在长达十年的镇滇过程中，沐英的个人威信已经潜移默化地刻入了云南各族人民，尤其是各大土司长官、部落首领的脑海之中。沐英镇守云南期间，战功卓著，安抚流民，获得了极高的声誉。后人在赞叹张辅平定交趾的功绩时，就曾将其比作沐英，《皇明泳化类编》卷128《四夷》说，交趾之人敬畏张辅就像云南人民敬畏沐英一样。沐英入京述职期间，史载洪武二十二年（公元1389年）十月，沐英自云南抵达京朝见明太祖，太祖朱元璋就说，自从你沐英在云南之后，我就不再担心西南了。《皇明通纪》记载，因沐英朝觐朱元璋在南京逗留十余日，朱元璋担心沐英不在云南会发生少数民族反叛之事，就说："我听说云南的少数民族对你心悦诚服，你应该早点回云南去安抚他们。"沐英临行，朱元璋赐宴于奉天门，赏黄金二百两、白金五千两、钞五千锭、文绮一百匹，另外赐纱一万锭，以为沐英在家乡凤阳建府邸的费用。与此同时，《正德云南志》卷19、卷22记载，云南各族官吏及士民在沐英朝觐期间，都担心其一到南京就不再回云南，都"戚然东向望者累月"；并上书朝廷说本朝皇帝仁德爱民，深知云南百姓疾苦及沐英对云南的重要性，皇上肯定会把他留给云南的。在听到沐英回到云南的消息后，康熙《云南府志》卷14记载说：云南各族人民不分老幼，在数百里之外设香案迎接沐英，就像子女爱他们的父母一样。同时，各少数民族土司头人也跨越自己的统辖范围，如欢庆节日般迎接沐英的归来。

洪武二十五年（公元1392年），沐英逝世于云南，太祖命沐英长子沐春护送其棺椁归葬南京。《正德云南志》记载：护送队伍从昆明出发之日，云南军民及各少数民族土司头人数万人前来哭送，队伍蜿蜒数十里，一直排到金马山前。之后，云南军民还一起上书，请为沐英修建祠堂，追思之意溢于言表。而朱明王朝一直对云南沐氏呵护有加，时时照顾，如洪武十八年（公元1385年）十一月，沐英长子沐春因功升任后军都督府佥事，朝臣按惯例须让沐春试职，但朱元璋说：这个孩子是我们自己家的人，非其他人可比，不用试职了，实授即可。其后，洪武二十五年（公元1392年）十月，沐英长子沐春奉诏袭西平侯爵位，继其父之后镇守云南。《明太祖实录》卷222记载，朱元璋在颁给沐春的诰敕中再次重提到沐英与他的种种亲密关系，并要求沐春不要忘记我对你父亲的恩德，你要忠诚于国家，对得起你的父亲及国家寄予你的厚望，则上天可以作证，保证你沐氏世代享受荣华富贵。朱元璋希望沐春以其父沐英为榜样，继续效忠明王室，使朱元璋无南顾之忧。

明成祖朱棣当政后，因沐春早亡，并无子嗣，仍令沐英第二子沐晟袭西平侯爵位。在敕谕沐晟时，朱棣仍然重提朱元璋对沐英的养育之恩及提携之谊，仍希望沐晟以沐英为榜样，勿忘朝廷之恩，为明朝竭尽心力，方能永保富贵。其后，历任沐氏后裔袭位时都为此套话语，也可见沐英对沐氏家族影响之深。

可以毫不夸张地说，沐氏家族的命运与明朝的国运相随相伴，同始同终。自沐英之后，在历代沐氏镇守者建立个人威信的过程中，"云南镇守者必来自沐氏家族"已经成为整个云南的共识。《明孝宗实录》弘治十六年六月壬子条记载士宝一篇奏章中就说到，云南因有沐氏镇守，夷汉相安百余年。从中不难看出沐氏安定则云南一方也就安定了，奏章中所言深刻反映了云南镇守者必来自沐氏家族这一点。而一旦有外来力量想要改变这个共识，就会招来广泛的反对之声，甚至会引起社会的动荡。正是基于这种认识，明朝皇室才会力排众议，始终如一地维护沐氏在云南的镇守地位。正如《滇考》所说，沐氏家族袭封黔国公、世守云南并非只是朝廷对他们的宠幸，而是只有沐氏家族才能镇守云南，保云南一方稳定。而自第六代黔国公沐琮之后的历代镇守虽然多不喜武功，雍容好翰墨，甚至其中出现过如沐朝弼、沐启元之类骄奢淫逸、被朝廷逮治的乱臣，但云南的少数民族已经习惯了沐氏家族镇守云南的事实，仍然乐于为其效犬马之劳。直至最后一任黔国公沐天波随永历流落缅甸，不屈而死，也没有愧对他的祖先。

而沐英后世子孙在处事方法与施政手段等方面，也深受其家族创始人沐英的影响，有些方面甚至可以说是一脉相承的。如在处事方法上，特别是在巩固和加强沐氏家族地位的措施等方面，沐氏子孙基本上沿袭了沐英生前的做法，如通过朝觐、进贡和联姻之法加强与明朝皇室、朝廷权贵等之间的联络，后来便成为沐氏家族的传统。史载，沐氏世镇云南之后，每有子孙婚配，必是南京或北京的公侯世家及权臣。不同的只是沐氏子孙，特别是进入明中叶以后的沐氏大肆行贿以结朝野权要，但其收效却不尽如人意。沐氏家族与明朝朝野官员，特别是与云南抚按等地方官员之间的矛盾在明中叶以后与日俱增。在施政方面，沐氏子孙主要也是通过平息云南及其相邻的四川和贵州地区的各种叛乱、处理与东南亚国家和地区的关系、加强云南的军事和行政设施与管理体系、发展云南社会经济与文化教育事业等手段，稳定云南乃至整个西南地区的政局，开发和建设云南，从而达到维护明朝皇室对云南的管辖权、确保沐氏家族在云南的既得利益的最终目的。不同的只是由于沐英子孙的个人能力、人品及敬业精神渐不如前代等原因，沐氏子孙的业绩、沐氏家族的权位和声誉等在明景泰年间沐璘代其弟沐琮出镇云南特别是自沐朝辅嗣爵镇守云南后，在总体上都显现出了不断下降之势，沐氏家族的权位危机一再重现。正因为如此，明中叶以后的沐氏子孙又开始通过不断的政变来维护其家族的权位。

而沐英对明朝廷的影响主要体现在两个方面：一是明朝政府对边疆地区的管理体制的建立；二是明朝皇室对沐氏子孙的态度。具体来说，由于沐英与朱元璋及马皇后之间特殊的亲情关系，加之沐英为明王朝的建立、统一大业的完成、西南边疆的稳固立下了汗马功劳，而且深得云南百姓的信任与爱戴，明朝廷在对云南管辖的问题上自明太祖伊始便对沐氏家族产生了深深的依赖。史载沐英去世后朱元璋担心西南没有沐英后会出现变乱，常常在朝上哀叹，等到沐春主政云南后上奏处理云南数件事务的结果时，朱元璋认为其奏章条理清晰、处置有方，乃对群臣说："西南现在又有得力之人了，我不用担心了。"从中足见朱元璋依赖沐氏之深。基于这一原因，再加上对当时云南特定的历史背景和条件诸因素的综合考虑，明太祖率先在云南的管辖问题上采用了不同于明王朝的独特的管理体制，即既不是完全意义上的分封制度或土司制度，又有别于以流官为特征的省府州县制度或郡县制度。这种介于分封制度与省府州县制度之间的过渡性管理体制后来又为明朝历代帝王所沿用，因此沐英之后裔子孙得以世代执掌镇守云南总兵官印、坐镇云南，并在云南行政、司法和经济等领域拥有相当大的职权和影响力。如：洪武三十年（公元1397年）春正月，朱元璋在下诏设置云南提刑按察司时曾诏令云南巡抚等，要求云南的军事、民政等重要事项，仍需与西平侯沐春相协商后方能定夺。永乐年间，明成祖也将西南边疆之事全部交付给沐晟处置，直到明朝末年沐天波镇守云南期间，沐氏家族在云南行政、司法等领域仍旧享有一定的特权。此外，明朝皇室还时常以沐氏家族始祖沐英的事迹来督导沐英子孙，要求他们效法沐英为朝廷尽忠，竭力固守西南边陲，而且对沐氏子孙也格外地宽容和优待，经常法外施恩。所以，辛法春在《明沐氏与中国云南之开发》中说，正是在沐英的开创下，沐氏"家声足以弹压蛮夷，其勋旧足以抚绥边徼"，也才得以与明祚相始终。

总之，沐英不仅是与明运相始终的沐氏家族的创始人和当之无愧的奠基者，而且对明王朝的建立和稳固、云南百姓的生产和生活环境的改善及云南地区的开发和建设等，都做出了卓越的贡献。

附：沐氏世裔十四世镇云南袭封表

一、沐英	封，开国辅运推诚宣力武臣、荣禄大夫、柱国、西平侯。食禄二千五百石。卒，追封黔宁王，谥昭靖，侑享太庙。
二、沐春	初授后军都督府佥事。袭西平侯，镇云南。卒，谥惠襄。
三、沐晟	原授骠骑将军，流官都督佥事，后升流官左都督。嗣平西侯。因讨交趾拜征夷左副将军。因平交趾功，加封显忠辅运推诚宣力武臣，特进荣禄大夫、右柱国、黔国公。食禄三千石。子孙世袭诰券，本身免二死，子免一死。永乐廿二年加太傅，有诰。卒，追封定远忠敬王。
四、沐昂	初，府军左卫指挥佥事，擢升都指挥同知，领云南都司。累迁至右都督。正统四年佩将印，讨麓川，因救护不及，贬秩二级。正统六年主馈运有功，复识如故。景泰中赠定边伯。卒，谥武襄。
五、沐斌	正统五年袭黔国公，继镇，有诰。卒赠太傅，谥荣康。
六、沐琮	成化元年八月己亥，袭黔国公，继镇，有诰。成化元年加太子太傅，佩征南将军印。卒谥武僖。
七、沐昆	初，袭锦衣卫指挥佥事。袭黔国公。挂印充总兵官。弘治十年益岁禄。正德七年加太子太傅。卒赠太师，谥庄襄。

续 表

八、沐绍勋	正德十六年二月甲午袭黔国公。继镇。正德七年加太子太傅。卒赠太师,谥敏靖。
九、沐朝辅	嘉靖十五年十二月乙亥袭黔国公。嘉靖十六年继镇,挂印充总兵官。加太子太保。卒,赠太保,谥恭僖。
十、沐朝弼	嘉靖三十三年三月癸丑袭黔国公。嘉靖二十六年继镇。后因不法逮系诏狱论死,援功,锢之南京,夺爵。以子继嗣爵。
十一、沐昌祚	初,以都督金事总兵官镇守。隆庆五年二月丁酉袭黔国公。隆庆元年继镇。万历十二年加太子太保,悉食故禄。以病,以子叡代镇。叡卒,仍以原官起用。又进少傅兼太子太傅。卒,以孙袭。
十二、沐叡	以都督挂印代镇。旋升都督同知,右都督。以不法被逮,死于狱。
十三、沐启元	天启五年三月丁卯袭黔国公,继镇。

沐英之死

自至正二十二年(公元1362年)正式入宦,到明洪武二十五年(公元1392年)身赴黄泉为止,享年四十八岁的沐英前后为明朝奋斗三十年之久。在此期间,他不负朱元璋、马皇后的厚望,平闽开滇,尔后留镇云南,又再创佳绩。

关于沐英之死,史志记载众说纷纭,莫衷一是。其主要观点主要以《明史》卷126《沐英传》所说,洪武二十五年六月，沐英惊闻皇太子朱标身亡，痛哭欲死。之前，马皇后逝世时，沐英也是恸哭至口吐鲜血。至此，乃一病不起，卒于云南，年龄四十有八。此外，《明太祖实录》卷218也载：沐英早上起来处理公务，忽然病发；立刻回府救治，但两腿已经不能移动，等到回到府邸，就寝而卒。这两部明朝正史都记载沐英是因病而逝，但不明言为何病。明人程敏政编的《皇明文衡》卷73《皇明开国辅运推诚宣力武臣荣禄大夫柱国西平侯追封黔宁王谥昭靖沐国公神道碑》说，沐英在处理公务之时忽然扑倒在地上，左右侍者扶持沐英回府，沐英说："我中风可能已经不能站立，我受皇上隆恩，已经不能报答他了，说完虽死。"其中肯定了沐英之死为中风而卒。

其次，还以《滇系》、《滇考·沐氏世裔》、《滇南杂志》卷5、《南中杂说》等认为是朱元璋赐药而死，只是言及为何赐药的原因有所不同而已；且近人盛巽昌在《沐英之死》中以新发现的史料来证明这一观点，他说《明史》所云沐英乃内脏出血、旧疾复发而致死的，但此说语焉不详。沐英死时仅四十八岁，春秋正盛。按明祖晚年诛杀功臣，罗织于他多多，诸义子如李文忠、朱文正也常受谴责，相传李文忠为药酒毒发致死。而沐英之死，时人亦见有质疑，近见王义山《妙吉祥室杂记》，乃称沐英为饮鹤酒即鹤顶红而死。其言："沐英赐死，正传未载。余家谱略记，始祖敬舟公职授左军武英将军，叔始祖海舟公职授右军武烈将军。奉谕会谏沐公来滇镇守云南、贵州、广西三省等处地方。因御赐鹤酒之故，不愿为官，致仕为民！留滇，一占籍高明，一占籍昆明。明祖猜忌功臣，多不得善终，沐公死事，此或可信。"此为药死说的典型代表。

但如前所述，沐英自十八岁就追随朱元璋参加反元起义，战功累累、忠心耿耿，以子尽了孝道，以臣尽了忠节。沐英病逝之前反复念叨的仍是未能报太祖的养育之恩，足见其与朱明王室的感情之深，且明朝还赖其安定西南和巩固边陲，从沐英死后太祖的种种表现看似乎朱元璋没有必要自毁长城，鸩杀忠于自己的重臣，所以明太祖毒杀沐英说似乎不太可靠。

极尽哀荣

沐英死后，在全国引起了极大的震动，上至朝廷，下至云南各阶层人民，都用文字表达了对他的怀念与崇敬。见有记载者如朱元璋在惊闻沐英死后，痛哭流涕，罢朝并亲作祭文，遣礼部官员前往祭奠。诏令沐英长子沐春护送其父灵柩到南京，所经过的府州县都派遣官员沿途祭祀，同年十月，灵柩到达南京，朱元璋再次遣使前往祭奠。二十一日，明太祖破格追封沐英为"黔宁王"，谥"昭靖"。《明太祖洪武实录》卷222记载在追封沐英的诰命中，朱元璋深情地说："沐英你自幼孤苦，在纷扰的乱世中求生存，当时看来，岂能料到你会有今天这样的辉煌？

古人说，吉人自有天相，所以上天安排你来投奔我。当你在我身边时，我和你都没有想象到会有今天的业绩。等到你长大成人了，我的一统大业渐渐有了起色，皇天眷顾我，所以有了今天的海内一统。你平定云南后，我以云南一域封你为开国辅运推诚宣力武臣、荣禄大夫、柱国、西平侯，恢复你的本姓，使你可以祭祀你的祖宗，延续你沐家的香火。虽然天下之广，四维之间都有智勇双全的人，但西南的少数民族非智勇仁爱者，难以控驭。自你镇滇后到今天已经十年了，十年间，有你在，我不用担心西南之事。鉴于你在西南的功勋，我屡次下诏褒奖你，赐予你大量的财产。我希望我朱明皇朝能够与你的子孙共享富贵荣华，以保全我们自始至终的情谊，但是天不假年，你英年早逝，我不胜哀悼。今天，特追封你为黔宁王，谥昭靖，如果你九泉之下有知，请接受这一荣耀吧。"同时，朱元璋赐沐英葬于江宁县长泰北乡观音山之源，命塑其像于功臣庙祭祀，并追赠其三代考皆王爵、妣皆王夫人。次日，沐英归山，得葬以王礼。出殡之日，明太祖复诏令百官护送灵柩至京城郊外。其间，皇太孙朱允炆和其他明朝亲王也曾派人往祭，京师部府诸司官还曾亲往祭奠。纵观朱元璋一生，几乎对所有功臣都满腹疑虑，却独对沐英说出"自汝在镇，吾无西南之忧"这种话。无论这种信任是发自内心的，还是出于政治需要，或出于巩固明王朝西南边陲需要，沐英在其心目中的地位应当十分特殊。

朱元璋在亲制的祭文中还说："沐英你对朝廷的忠诚

毋庸置疑,你的才能超群、气量宽广、深谋远虑。虽然你屡建功勋、位极人臣,但你却能泰然处之,这是你不同于别人之处。今后在云南为官之人,我希望他们能够学习你对国家的忠诚。"从中不难看出其对沐英的才干、忠贞给予了很高的评价。

同时,《明史》对沐英也不吝词语,大加赞扬。《明史》认为,明朝建立过程中的有功之臣,以六王为首(中山王徐达、开平王常遇春、岐阳王李文忠、宁河王邓愈、东瓯王汤和、黔宁王沐英),这并非只考虑他们的功绩显赫,也取决于他们对朱元璋的忠诚。其实,朱元璋最亲近的要数岐阳王李文忠,跟随朱元璋时间最长的是东瓯王汤和。而宁河王邓愈、黔宁王沐英都是被朱元璋寄予厚望的心腹大臣。他们都立下了汗马功劳,并且对朱元璋忠贞不贰,无愧于朱元璋给予他们的封号。岐阳王颂诗习礼,以儒雅见重;东瓯王乞求归老故里,明哲保身,得以自全,都非常人所能企及。只有黔宁王威震遐荒,朱元璋赐予其丹书铁券,世祚绵长,其家族命运与明运相始终。认为明朝开国六王中,各有千秋,只有黔宁王沐英一系能够与明相始终,这与沐英对明王朝的忠贞大为有关。

此外,自沐英死后,尚在云南或曾经到过云南的"远游词客、谪宦墨卿多以诗挽之者"。如和州人潘仁当年所作挽沐英之《中原父老》诗,全文云:

大星一夜西南落,万里谁分圣主忧。

心到九泉昭日月，名垂千古重山丘。
中原父老思羊祜，绝塞羌夷哭武侯。
薮泽书生怀德义，清铅满掬泪难收。

　　该诗充分表达了人们对一代名宦重臣——沐英英年早逝的无限痛惜与怀念之情。此外，史载沐英去世后，云南有民间歌谣唱道："孰为我父？孰为我母？无母奚居？无父奚附？天梦梦乎，莫恤我穷乎！"待沐英长子沐春奉诏驻镇云南后，又有歌谣云："于畎于亩，是耕是耔。维黍维稌，以饎以饌。我有父母，先王之子。"这不仅反映了沐英创建的沐氏家族此时已经在云南百姓心目中享有了很高的威望，占据了很重要的地位，而且说明云南百姓之所以对沐英、沐春父子心怀感激、爱戴之情，主要是因为经过沐英苦心经营之后云南的社会经济已经有了较明显的恢复和发展，滇中百姓的生产与生存环境已经有了较大程度的改善。而沐英生前、死后，下自普通百姓，上至明王朝最高统治者对沐英的高度评价，是沐英一生，特别是他在驻镇云南期间功德并茂的有力史证。

后人缅怀

　　沐英自 18 岁开始踏入仕途至其 48 岁逝于云南，一生为大明王朝的建立与稳定四处征伐，可谓出生入死，立下了汗马功劳。如沐英在洪武十四年（公元 1381 年）四月至九月的几次西征和北伐活动，有效地维护了北部和西北边境的稳定与统一。在统一云南的过程中又经过一系列的军事行动和采取了众多的政治、经济、文化手段，沐英不仅出色地完成了统一云南的历史使命，建立了明朝在云南的军事行政体系，而且有效地维护了明朝中央政府对云南统一的初步成果。在奉旨镇守云南期间，沐英继续平息云南及周边各少数民族首领的叛乱，加强军事布防，驻兵防守；为稳定云南的社会秩序、改善人民的生产和生活环境，也为进一步开发和建设云南、稳固祖国的西南边陲、维护统一的多民族国家的整体利益，做出了卓越的贡献。沐英治滇十年，是明王朝在云南封建统治逐步稳定的十年，是云南社会经济恢复和发展的十年，是云南各族人民与汉族人民之间紧密团结的十年。他的功绩在云南历史上占有重要的一页。沐英死后，云南人民为其树碑立传、建立祠庙。王景常撰《黔宁昭靖王祠堂碑》对沐英一生的功绩进行了总结，同时，作《迎享送神》诗以作纪念，诗云：

大明丽天万国明，赤符飞腾策六丁。
惟王翌运天降精，身薄日月骑斗衡。
坐张天弧槛挽枪，助帝驷伐基隆平。
气压崑仑荡沧溟，出入星纬无留行。
劲涉滇海縻长鲸，长鲸既剥波浪腥。
龙蛇走陆杀气横，嘘阳吹阴孰敢婴？
文经武纬光晶荧，手揭元会归虞廷。

上骑箕尾为列星，帝锡侈封王黔宁。
河山带砺分汉盟，堂堂遗像夹两楹。
神光夜夜飞爽灵，盼壹布泻通杳冥。
琴丽飒沓从两旌，倏焉如云搏紫清。
八冲锵然韵流铃，春秋报事垂千龄。

而洪武年间，还有时任云南都御史的程本立所撰的《黔宁昭靖王庙碑》中也在追述沐英的功绩之后，按照沐英一生的经历，赋诗以纪念，诗云：

既平南粤，既定西陲，北靖沙漠，威行四夷。
惟彼西南，古之六诏，元有遗孽，阻我声教。
……
版图既入，职贡是修，大开明堂，万国来朝。
皇曰：斯民，悉朕赤子，一视同仁，无间远迩。
诏示西平，其镇抚之，以燠其寒，以饱其饥。
西平奉诏，稽首以拜，夙夜兢兢，罔敢或懈。
拊摩吹煦，于怀之咳，艾夷蕴崇，于田之来。
于羊于狼，以胂以磔，于稼于苗，以膏以泽。
以兴学校，以敦诗书，农隙讲武，夏礼变夷。
夷人有言：我亦人类，远于恩化，弱肉强噬，
今也奚幸？昔也奚辜？子有其父，妇有其夫。
夷人有言：我枵我羸，西平哺我，西平绪我。

> 西平曰：吁！兹岂在予？维皇之命，维皇之谟。
> 天胡不仁，夺我父母？擗踊而哭，匍匐而走。
> 九重眷注，一日哀闻，惊动辍朝，谕祭以文。
> 数备礼祭，有谏有谥，王以黔宁，侯其冢嗣。
> 黔宁始薨，人莫不哀，嗣侯既至，人莫不怀。
> 江宁之冈，有郁其兆，夷人不忘，滇则有庙。
> 金马左立，碧鸡右昂，千万斯年，以祀我王。

此后，历代名人雅士为了怀念沐英之功，都用诗文来表达对沐英的崇敬之情，如明代的史谨有一首《谒黔宁王庙》诗，云：

> 冠冕遵王制，祠堂枕野池。
> 喜令蛮父老，复睹汉威仪。
> 杰栋星河近，虚檐薜荔垂。
> 乱峰排剑戟，高树拥旌旗。
> 奕叶承恩重，平生出计奇，
> 功勋齐马援，德量并韩琦。
> 天意深留眷，秋声远送悲。
> 故山依日月，新冢卧熊罴。
> 猿鹤虽无主，鹡鸰各有枝。
> 峨峨光万丈，千古照边陲。

王世贞在《弇州四部稿·续稿》卷八评价沐英时也云：

西平少沉勇，亲寄异诸儿。
三十二元枢，遂副西羌师。
虏其名王归，万族尽累累。
六诏抗天权，三帅张帝威。
颍川首排荡，永昌翼摧劙。
侯其寄留后，剪棘抚伤痍。
一战贼胆夺，七纵酋心归。
身没担王爵，翼世秉公圭。
至今二百年，黄屋等崔嵬。

沐英之孙沐昂在其《沧海遗珠·拜谒黔宁王庙》中，也流露出对其祖先沐英的崇拜之意，诗云：

曾聆玉帐肃徽音，俯仰清祠感慨深。
客袂尚余他日泪，羁怀不改旧时心。
耳闻种德都成玉，眼看栽松尽作林。
每岁骑箕滇海上，手分云液散甘霖。

清代的李殿图也有《番行杂咏》来赞扬沐英的功绩，诗云：

昭靖当年自请缨，
纳麟七站出奇兵。
依稀瘿嗉成禽处，

伟绩千秋说沐英。

沐氏散落各地的后裔也在今天为了保护、传承和追溯其祖先的荣耀而进行着不懈的努力，如他们为了保护南京江宁将军山南麓的沐氏家族的墓地不被开发商夷为平地建造别墅而四处奔走呼吁，并在新浪、百度贴吧等现代网络载体上创建博客——沐氏子孙的博客、读书论坛、贴吧等，此外他们还收集沐氏家族的研究成果及资料，发布保护沐氏家族墓地的声明并组织春秋祭祀等，如在2011年的清明及沐英的忌辰时沐氏后裔都举行祭祀活动，祭文分别为：

国遭外患，自古有闻，赵宋末造，代于元蒙。神州陆沉，几及百年。我祖英公，八岁而孤，太祖高皇，龙飞濠梁，抚为义子，屡立奇功，驱除鞑虏，恢复中华，世守云南，袭封国公，纡青拖紫，巩固边陲，打击分裂，呕心沥血。不幸明季，国力罢疲，吴逆三桂，引清入据，残杀百姓，占我国土。沐公天波，忠君爱国，流离异域。我若不屈，主何以全？成仁取义，无愧祖宗。而今吾国，当权职官，胡作非为，大拆大迁，中饱私囊，无视恶人，盗我祖坟，为恶不惩，行善不扬。奸商范伟，勾结贪官，胆大妄为，侵祖墓园，破坏地形，大兴土木，乱建阳宅，取不义财。沐氏子孙，力单势薄，奔走呼号，下走江宁，上访京城，冷血官商，不为所感。杨吏新华，助纣为虐，睁眼瞎话，伙同媚体，信口雌黄，将军山麓，明代功臣，整体墓区，保护妥善，如今茔地，残砖碎瓦，漫山遍野，满目疮痍，蜗居复地，何谈受护？列位官商，良心何在？祈求我祖，告知胡温，降罪于斯，以正国法！

伟哉黔宁，沐氏之雄，豪生杰出，光宗耀祖，春晟昂昕，一脉相承，忠孝传家，至大至刚，追源数典，孝悌不忘，广联族谊，慎终追远，共济和衷，千枝一本，万代流芳，我今大会，宗聚一堂，共荐馨香，献敬祖先，祈国昌隆，地久天长，佑吾裔孙，事业飞鸿，为家致富，为国图强，吾侪宗亲，感德不忘，虔诚致敬，谨此韭祭，神灵降纳，来格来尝。

金陵南郊，观音山巅，遥想追思，始祖威严。自幼失怙，少年征战，民族英雄，华夏典范。劝课农桑，繁荣南疆，一腔忠悃，报国荣昌。衍我氏系，遗吾家训，尽忠报国，谦逊为本。十一甲子，神州巨变，数万裔孙，四处分散。英灵不昧，竟作引穿，聚吾宗亲，和衷同愿。齐聚灵前，既痛且伤，祖宗灵府，竟筑豪房。黔宁王裔，热血觞觞，血溅五步，贪官狡商。死则易耳,犹无益也,内圣外王,方其道也。皖苏滇黔,五湖八方,但为宗室,携手相将。守望相助,长短相护,昭我沐氏,强盛不欺,告慰祖宗,绵延血脉。

两篇祭文都对沐英的丰功伟绩进行了追忆,并对破坏沐英墓葬的行径给予了抨击。

此外,当代诗人毛诗奇于2005年1月8日在昆明五华山麓也撰写了《英雄沐英礼赞》一诗来赞扬沐英的功绩,诗云:

沐浴着六百多年前的乱世风云,
英雄沐英在平民百姓的重重苦难中诞生:
——黄淮泛滥旱魔逞凶中原大地水深火热;
——官府腐败苛政暴敛稼穑凋零民不聊生;
——天灾肆虐人祸频数饿殍遍野瘟疫流行;
——国运衰落生灵涂炭官逼民反揭竿问鼎。

你的家乡定远却不曾有过一天的宁静安宁,
你的先辈你的父母憨厚得像一坨黑泥,
生你养你的积善乡的村民们祖祖辈辈在积德积善,
但到头来还是家徒四壁饥肠辘辘到处流离。

举目无亲孤苦伶仃练就了你身处绝境的生存能力，

无依无靠饥寒困顿的日子锻造着你的坚强个性。

八岁的你流落到相同命运的红巾军将领朱元璋营帐前，

义旗飘扬，义父慈祥、义子忠诚，一个义字成就了父子缘分。

昼食同桌夜卧同榻教文授武悉心培育，

骨肉情深唇齿相依亲生儿子也不过如此体贴虔诚。

知遇之恩、养育之情陶冶你的秉性，开阔你的胸襟，

大恩不言谢，大德无以报，唯有以身相许报国忠君。

沐浴着养父元璋的浩荡皇恩，
英雄黔宁王在出生入死、身经百战中长成：
——文经武纬、智勇双全，立下盖世功勋；
——征福建、击吐蕃、逐残元、定云南、歼梁王、克叶榆，无往不胜；
——兴屯田、修水利、建学校、促教化、立卫所、固边防，有利必行。

治滇有方，民族和睦、百姓缅怀，西平侯沐

将军青史永留英名！

　　总之，沐英于明洪武十四年（公元 1381 年）参与明军平滇战争后留镇云南。此后十年间，其继续招抚或平定各地的分裂割据势力，使边疆与内地重归统一，维护了祖国版图的完整；同时组织军民恢复发展经济（如：大规模移民屯田、兴修水利、建设学校、传播内地儒家传统文化，培养、任用少数民族官员，推进城乡建设，减轻人民负担，等等），为云南边疆的开发、社会文明进步做出了重要贡献。其中很多成功经验至今对我们传扬云南精神、提升云南精神在全国的影响力及建立民族文化大省等方面仍有积极的现实意义。

参考文献

一、文献资料

《明太祖实录》，台湾"中央研究院"史语所校印本。

《明史》，中华书局标点本，1974年。

谷应泰：《明史纪事本末》，中华书局1977年版。

正德《云南志》，《天一阁藏明代方志选刊续编》本，上海书店1990年版。

天启《滇志》，云南教育出版社1991年版。

康熙《云南通志》，《北京图书馆古籍珍本丛刊》本，书目文献出版社1988年版。

王崧编纂，李春龙点校：《云南备征志》，云南人民出版社2010年版。

师范：《滇系》，云南通志馆光绪十三年刊本。

郭勋撰：《三家世典》，齐鲁书社1997年版。

项笃寿：《今献备遗》，《四库全书》本。

二、专著

林超民：《林超民文集》，云南人民出版社2010年版。

陆韧：《变迁与交融——明代云南汉族移民研究》，

云南教育出版社 2001 年版。

李建军：《明代云南沐氏家族研究》，辽宁人民出版社 2002 年版。

李清升：《明黔宁王沐英传》，云南民族出版社 2006 年版。

辛法春：《明沐氏与云南之开发》，台湾文史哲出版社 1985 年版。

三、论文

赵松涛：《明代沐氏家族镇守云南原因的探讨》，南京大学硕士论文，2012 年 5 月，未刊稿。

马小洋：《沐英在滇活动与明初政局》，载《回族研究》2012 年第 2 期。

万揆一：《明代云南黔国公沐氏兴衰史》，《云南师范大学学报》（哲社版）1988 年第 2 期。

陈玉女：《明昆明太华寺供奉沐氏十二世像之历史意义》，《成大历史学报》，2002 年 6 月第 26 号。

李清升：《沐英姓氏考略》，《云南民族大学学报》（哲学社会科学版）2004 年第 3 期。

李清升：《沐英身体力行发展文化教育的功绩及其意义》，《云南民族大学学报》（哲学社会科学版）2005 年第 3 期。

李清升：《云南部分志书中记载的沐英父子死因质疑》，《云南民族大学学报》（哲学社会科学版）2002

年第 5 期。

　　李建军：《沐英镇滇事迹考》，《西南师范大学学报》（人文社会科学版）2000 年第 4 期。

　　谭莲秀、李建军：《论明代沐氏家族对云南文化教育事业的影响》，《曲靖师范学院学报》2007 年第 4 期。

　　李建军、谭莲秀：《论明代沐氏家族对云南社会经济发展的贡献》，《湖南师范大学社会科学学报》2007 年第 4 期。

　　范植清：《论沐英》，《中南民族学院学报》1984 年第 4 期。

　　范植清：《论朱元璋治理南方各族的政策》，《中南民族学院学报》1986 年第 2 期。

　　潘洪刚：《论明代沐氏世镇云南》，《云南社会科学》1987 年第 5 期。

　　盛巽昌：《沐英之死》，《史林》1999 年第 3 期。

　　蔡雁：《沐英治滇十年》，《保山师专学报》2001 年第 1 期。

　　陆韧：《论明代云南士绅阶层的兴起与形成》，《云南师范大学学报》2007 年第 1 期。

　　陆韧：《元代西南边疆与麓川势力兴起的地缘政治》，《中国边疆史地研究》2008 年第 3 期。

　　陆韧：《明朝统一云南、巩固西南边疆进程中对云南的军事移民》，《中国边疆史地研究》2005 年第 4 期。